Carl Simon

Der Export landwirtschaftlicher und landwirtschaftlich-industrieller Artikel aus den Vereinigten Staaten von Nordamerika und die deutsche Landwirtschaft : Studie

Carl Simon

Der Export landwirtschaftlicher und landwirtschaftlich-industrieller Artikel aus den Vereinigten Staaten von Nordamerika und die deutsche Landwirtschaft : Studie

ISBN/EAN: 9783743679931

Hergestellt in Europa, USA, Kanada, Australien, Japan

Cover: Foto ©ninafisch / pixelio.de

Weitere Bücher finden Sie auf **www.hansebooks.com**

Der Export

landwirtschaftlicher und landwirtschaftlich-industrieller Artikel

aus den

Vereinigten Staaten von Nordamerika

und

die deutsche Landwirtschaft.

Studie
von
Carl Simon
in Mannheim,
Königlich rumänischer Konsul für das Grofsherzogtum Baden
und die bayerische Pfalz.

Leipzig,
Verlag von Duncker & Humblot.
1899.

Der Export

landwirtschaftlicher und landwirtschaftlich-industrieller Artikel

aus den

Vereinigten Staaten von Nordamerika

und

die deutsche Landwirtschaft.

Der Export

landwirtschaftlicher und landwirtschaftlich-industrieller Artikel

aus den

Vereinigten Staaten von Nordamerika

und

die deutsche Landwirtschaft.

—

Studie

von

Carl Simon

in Mannheim,
Königlich rumänischer Konsul für das Grofsherzogtum Baden
und die bayerische Pfalz.

Leipzig,
Verlag von Duncker & Humblot.
1899.

Seiner Königlichen Hoheit

dem Großherzog Friedrich von Baden

in Ehrfurcht

gewidmet.

Vorrede.

Der Import landwirtschaftlicher und landwirtschaftlich-industrieller Produkte aus den Vereinigten Staaten von Nordamerika und die Höhe der Zölle, durch welche die deutsche Landwirtschaft geschützt werden soll, gehören zu den brennendsten zollpolitischen Tagesfragen.

Diese Fragen werden in der Presse und im Publikum meistens in leidenschaftlicher Weise besprochen, und die Ansichten gehen weit auseinander, je nach dem Parteistandpunkte und den wirtschaftlichen Interessen, welche berührt werden.

Es tauchte infolgedessen der Gedanke bei mir auf, ob es nicht im allgemeinen Interesse liegen würde, diesen Export der United States in eingehender, sachlicher und vollständig objektiver Weise zu beleuchten.

Die Lösung einer solchen Aufgabe kann natürlich nur dann richtig erfolgen, wenn man Thatsachen und Zahlen für sich sprechen läfst und nur die logischen Schlüsse aus denselben zieht.

Ich glaubte mich an die Bearbeitung dieses Gegenstandes wagen zu dürfen, weil ich bis vor wenigen Jahren als Kaufmann im internationalen Verkehrsleben stand und während ca. 25 Jahren Gelegenheit hatte, den Import und Export praktisch zu beobachten und zu studieren.

Nachdem ich die Arbeit vollendet hatte, wollte ich dieselbe der Öffentlichkeit nicht übergeben, ohne bei der Wichtigkeit des Gegenstandes und bei der Schwierigkeit, diese Materie richtig zu behandeln, vorher das Urteil eines kompetenten Fachmannes darüber gehört zu haben, ob mir die Lösung der Frage in der von mir beabsichtigten Weise gelungen sei.

Eine Autorität ersten Ranges für die Beurteilung meiner Arbeit fand ich in Herrn Geheimen Kommerzienrat Ph. Diffené, Präsidenten der Handelskammer für den Kreis Mannheim und Vicepräsidenten der I. badischen Kammer, welcher die aufserordentliche Güte hatte, sich für meine Studie zu interessieren und mir dieselbe nach Durchsicht mit folgendem Schreiben retournierte:

Mannheim, den 28. März 1899.

Sehr geehrter Herr!

Mit lebhafter Befriedigung habe ich Ihre treffliche Studie über den ›Export landwirtschaftlicher und landwirtschaftlich-industrieller Artikel aus den Vereinigten Staaten von Nordamerika und die deutsche Landwirtschaft‹ durchflogen, denn leider gestattete mir die Geschäftsüberhäufung, mit welcher ich zur Zeit zu kämpfen habe, nicht, der schönen Arbeit die Zeit zu widmen, die sie verdient hätte.

Ihre lebendige Darstellung, unterstützt von einem reichen, trefflich gruppierten Zahlenmaterial, zeigt uns erst, welch eine Fülle von Produkten und in wie imponierender Menge die Vereinigten Staaten dem Weltmarkte zur Verfügung zu stellen in der Lage sind. Leider sind es nicht blofs landwirtschaftliche, sondern auch industrielle Erzeugnisse. Denn wie Sie mit Recht hervorheben, hat sich in den Vereinigten Staaten mit überraschender Schnelle der Übergang vom Agrar- zum Industriestaat vollzogen. Der Wettbewerb jenes grofsen Landes wird uns unter diesen Umständen in doppeltem Mafse fühlbar werden. Sie haben recht, eine Mahnung zu vermehrter Anspannung der Kräfte an unsere landwirtschaftliche Bevölkerung zu richten.

Sehr begrüfst habe ich den Nachweis, den Sie mit vollständigem Gelingen führen, dafs das amerikanische Volk seine grofsen Erfolge nicht blofs seinem jungfräulichen Boden und anderen natürlichen Vorteilen, sondern auch dem Geschick verdankt, mit dem es sich den Verhältnissen anzupassen, seine Lagerhäuser, Börsen und sonstigen Verkehrseinrichtungen auf die höchste Stufe der Vervollkommnung zu bringen gewufst hat.

Ich hoffe, dafs Sie Ihren mir gegenüber geäufserten Gedanken, die Arbeit im Druck zu veröffentlichen, zur Ausführung bringen werden, und verbleibe, indem ich Ihnen in der Anlage das Manuskript mit dem Ausdruck verbindlichsten Dankes zurückgebe,

in vorzüglicher Hochachtung

Ihr ergebenster

gez. Ph. Diffené.

Ich übergebe nunmehr die Arbeit der Öffentlichkeit und wünsche, daſs dieselbe zur Aufklärung beitragen und im Interesse unseres Vaterlandes und der verschiedenen Berufsstände Gutes bewirken wird.

Mannheim, im April 1899.

Der Verfasser.

Inhaltsverzeichnis.

Erster Teil.

Seite
1. Einleitung 3
2. Import und Export der Vereinigten Staaten von Nordamerika im Jahre 1897 9
3. Der Export amerikanischen Weizens und Weizenmehles . 14
4. Der Mehlexport und die Mühlenindustrie in den Vereinigten Staaten 17
5. Mais und der Export von Fleischwaren 21
6. Roggen 25
7. Gerste 28
8. Hafer 32
9. Export diverser landwirtschaftlicher und landwirtschaftlich-industrieller Produkte 34
10. Obst und Gemüse 36
11. Milchwirtschaft 39
12. Export von Vieh 40

Zweiter Teil.

Betrachtung derjenigen kommerziellen und staatlichen Einrichtungen, welche den Export landwirtschaftlicher und landwirtschaftlich-industrieller Produkte der Vereinigten Staaten in besonderer Weise fördern.

1. Die amerikanischen Börsen 44
2. Die Klassifizierung und Certifizierung von Getreide und landwirtschaftlichen Produkten im Welthandel 49
3. Die öffentlichen Lagerhäuser (Silos und Elevatoren) . . . 54
4. Eisenbahnen und Schiffahrt in den Vereinigten Staaten . 56
5. Das Agricultural Department in Washington 62

Dritter Teil.

1. Der deutsche Zuckerexport nach den Vereinigten Staaten 75
2. Der Import von Rohphosphaten aus den Vereinigten Staaten für die deutsche Landwirtschaft 83
3. Schlußbetrachtungen 90

Vierter Teil.

Anhang.

	Seite
1. Schätzung der 1898er Ernten und des Jahresbedarfs	99
2. Statistik über den Prozentsatz des Exportes der Vereinigten Staaten von Nordamerika verglichen mit der Totalernte des Landes	104
3. Statistik über das durchschnittliche Erträgnis und den durchschnittlichen Wert verschiedener Getreideartikel in den Vereinigten Staaten	105
4. Durchschnittsgröfse der Farmen in den Vereinigten Staaten nach geographischer Lage und nach Jahrgängen	111
5. Statistik über das in den Farmen in den Vereinigten Staaten angelegte Kapital und über den Wert der Erträgnisse	114
6. Statistik über den Unterschied zwischen Hand- und Maschinenarbeit	118
7. Landwirtschaftliche Berufsstatistik	120
8. Lohnstatistik für Farmarbeit	122
9. Entwickelung der Landwirtschaft in den Vereinigten Staaten	123
10. Tabelle zur Umrechnung amerikanischer Mafse und Gewichte	125
11. Import der Vereinigten Staaten in den Jahren 1895—1897	126
12. Export der Vereinigten Staaten in den Jahren 1895—1897	129
13. Handelsbilanz der Vereinigten Staaten in den Jahren 1894 bis 1897	132

ERSTER TEIL.

C. Simon, Export.

1. Einleitung.

Einen der wichtigsten und interessantesten Faktoren im internationalen Warenaustausch bilden die Erzeugnisse der Landwirtschaft.

Im allgemeinen läfst sich hierbei die Theorie aufstellen, dafs die alten europäischen Kulturstaaten: Deutschland, England, Frankreich, Italien, Holland, Belgien und andere Staaten nicht genug Getreide zur Ernährung ihrer Bevölkerung produzieren und regelmäfsig mehr oder weniger grofse Quantitäten importieren müssen.

Die Länder, welche in der Regel das Manko obiger Staaten decken, sind:

Die Vereinigten Staaten von Nordamerika, Rufsland, die Laplata-Staaten, Indien, Rumänien u. s. w.

Im Monate August 1898, nachdem die Ernten in Europa zu Hause waren, machte man sich von dem Importbedürfnis auf der einen und von der Möglichkeit des Exportes auf der anderen Seite ein Bild, wie es Tabelle Nr. 1 des Anhanges zeigt.

Aus diesen Zahlen geht hervor, dafs England an der Spitze aller Importstaaten steht.

Dieses Land produziert nur einen relativ kleinen Prozentsatz der für seine Bevölkerung notwendigen

Cerealien und ist nicht nur genötigt, das Gros seines Bedarfs an Getreide zu importieren, sondern es führt aufserdem ungeheure Quantitäten anderer landwirtschaftlicher Produkte ein.

Die für diesen Import gezahlten Beträge beliefen sich im Jahre 1898 auf ca.

12 Mill. Pfd. Sterl. für Pferde, Schafe und Rindvieh,
7 - - - - Gerste,
4 - - - - Hafer,
26 - - - - Weizen,
11 - - - - Mehl,
10 - - - - Speck,
4 - - - - Schinken,
5 - - - - Ochsenfleisch,
6 - - - - Hammelfleisch,
1½ - - - - Schweinefleisch,
5 - - - - Käse,
16 - - - - Butter,
5 - - - - Eier, Hühner und Wildpret,
8 - - - - Zucker.

In Zusammenstellung nach einzelnen Gruppen betrug der Import Englands im Jahre 1898 ca.:

63 Mill. Pfd. Sterl. für Getreide und Mehl,
10 - - - - lebendes Vieh,
31 - - - - geschlachtetes Vieh,
25 - - - - Produkte d. Milchwirtschaft,
55 - - - - and. landwirtsch. Produkte,

ca. 184 Millionen Pfund Sterling.

Von diesem Betrage sind ca. 18 Millionen Pfund Sterling für den Export landwirtschaftlicher Produkte abzuziehen, sodafs ungefähr 166 Millionen Pfund Sterling, oder ungefähr 3320 Millionen Mark verbleiben.

Dies ist eine ungeheure Summe, welche wohl kein anderes Land regelmäſsig für die Ernährung seiner Bevölkerung bezahlen könnte. England nimmt als gröſster Industrie- und Handelsstaat mit seiner, alle anderen Staaten zusammengenommen, überlegenen Handelsflotte und seinem einzig dastehenden Kolonialreiche eine so ganz ausnahmsweise Stellung unter allen anderen Nationen ein, daſs es solche Beträge für den Import landwirtschaftlicher Produkte regelmäſsig zu zahlen vermag.

In politischer Hinsicht ist es für ein Inselreich wie England nicht ungefährlich, bezüglich der Ernährung seiner Bevölkerung so stark von ausländischen Zufuhren abzuhängen. Hätte England seine starke Flotte nicht, so könnte es von einer Koalition anderer Seemächte ausgehungert werden wie eine Festung.

Es wurde sogar kürzlich in England die Frage **nationaler Weizenlagerhäuser** ventiliert, um für alle Fälle einen Teil der englischen Ernte aufzuspeichern.

In der modernen Entwickelung des internationalen Warenaustausches liegt insofern ein bedenklicher Umstand, als niemand vorauszusehen vermag, wie lange noch die europäischen Industriestaaten offene überseeische Märkte für den Absatz ihrer Fabrikate finden und ob nicht derzeitige Abnehmer über kurz oder lang Konkurrenten' am Weltmarkte sein werden.

Ein Beispiel für eine solche rasch vor sich gegangene Metamorphose bieten die Vereinigten Staaten von Nordamerika, die seither groſse Käufer industrieller Fabrikate waren und jetzt anfangen, gefährliche Konkurrenten am Weltmarkte zu werden.

Die Entwickelung Deutschlands zum Industriestaate, analog den englischen Verhältnissen, geht rasch vor sich und auch Deutschland gehört schon seit langer Zeit zu den regelmäfsigen Importländern von Getreide.

Das einzuführende Quantum hängt von der inländischen Ernte ab.

Deutschland importierte im Jahre 1898:
Weizen 15 811 688 Meter-Ctr. gegen 14 531 551 M.-Ctr. i. J. 1897,
Roggen 8 915 032   -   -   8 639 527   -   -   -   -,
Gerste 11 604 221   -   -   10 841 690   -   -   -   -,
Hafer   4 908 249   -   -   6 043 744   -   -   -   -.

Deutschland exportierte im Jahre 1898:
Weizen 3 308 377 Meter-Ctr. gegen 4 086 266 M.-Ctr. i. J. 1897,
Roggen 1 438 661   -   -   163 823   -   -   -   -,
Gerste   298 221   -   -   300 570   -   -   -   -,
Hafer 1 027 585   -   -   768 071   -   -   -   -.

Die Beträge, welche Deutschland regelmäfsig für Getreide und landwirtschaftliche Produkte an das Ausland zahlt, sind zwar glücklicherweise mit den von England gezahlten Summen nicht zu vergleichen, immerhin aber sind sie sehr grofs und betragen durchschnittlich ca. 1 Milliarde jährlich.

Es wäre als ein grofses Glück für die Entwickelung unseres Vaterlandes in nationalökonomischer Hinsicht zu betrachten, wenn es unserer Landwirtschaft gelingen würde, ihren Getreidebau zu heben, sowie auch sonstige landwirtschaftliche Erzeugnisse, Obst, Fleisch, Eier u. s. w. in gröfseren Quantitäten wie seither zu produzieren, damit wir uns von fremden Nationen unabhängiger machen könnten und viele Millionen, die jetzt ins Ausland gehen, im Lande verblieben.

Dies ist um so mehr zu wünschen, als niemand voraussagen kann, ob sich unsere Industrie und unser Handel, auf die wir stolz sein dürfen, dauernd auf ihrer jetzigen Höhe halten werden. Ein eventueller

Rückgang der Industrie könnte aber durch eine blühende Landwirtschaft wenigstens teilweise kompensiert werden.

Fortschritte der Landwirtschaft in oben angedeutetem Sinne werden für dieselbe aber um so notwendiger sein, als auch unserer Zuckerindustrie schwere Gefahren drohen.

Wie bereits erwähnt, entwickelt sich die Industrie in den Vereinigten Staaten derart rasch und kräftig, daſs den europäischen Industriestaaten von dieser Seite aus in nicht zu ferner Zeit eine schwere Konkurrenz am Weltmarkte bevorzustehen scheint.

Diese Sachlage ist um so ernster, als die Vereinigten Staaten auf dem Gebiete der Landwirtschaft bereits dominieren und jährlich ungeheure Summen aus Europa ziehen.

Es steht auſser Frage, daſs der Export von Getreide und landwirtschaftlichen Produkten aus den Vereinigten Staaten eine drückende Konkurrenz für die deutsche Landwirtschaft ist. Es handelt sich bei diesem Wettbewerb nicht, wie bei der Konkurrenz der anderen Agrikulturstaaten, um Getreide allein, sondern die Vereinigten Staaten sind gefährliche Rivalen auf allen Gebieten und exportieren alle Arten landwirtschaftlicher und landwirtschaftlich-industrieller Erzeugnisse.

Auſserdem tritt die Konkurrenz der anderen Staaten im Vergleich zu den Vereinigten Staaten deshalb weit zurück, weil in allen anderen Exportländern die Produktion und der kaufmännische Vertrieb in primitiver Weise erfolgen und unsere Landwirtschaft deshalb gegen diese Konkurrenz leichter aufkommen kann.

Bei den Amerikanern dagegen vollziehen sich

Produktion und Verwertung aller landwirtschaftlichen Erzeugnisse in so rationeller, vollendeter Weise, daſs unsere Landwirtschaft mit denselben in keiner Weise zu konkurrieren vermag.

Es ist unter diesen Umständen selbstverständlich, daſs die Vereinigten Staaten mit vielen musterhaften Einrichtungen auf landwirtschaftlichem, industriellem und kommerziellem Gebiete allen anderen Ländern als Vorbild dienen können.

Auſserdem aber liegt es im Interesse unserer Landwirtschaft, daſs man die Überlegenheit der Amerikaner auf allen diesen Gebieten allgemein kennen lernt, damit Zölle in entsprechender Höhe gegen die zu drückende Konkurrenz der Amerikaner allenthalben als berechtigt anerkannt werden.

Der Export der Vereinigten Staaten vom Jahre 1897 wird als Grundlage der Ausführungen dienen.

2. Import und Export der Vereinigten Staaten von Nordamerika im Jahre 1897.

Allgemeine Betrachtungen.

Import und Export zusammengenommen zeigen folgende Ziffern:
- im Jahre 1894: Dollars 1 547 135 194,
- -   -   1895:   -   1 539 508 130,
- -   -   1896:   -   1 662 331 612,
- -   -   1897:   -   1 815 723 968.

Der Wert der exportierten Waren war:
- im Jahre 1894: Dollars 869 204 937,
- -   -   1895:   -   793 392 599,
- -   -   1896:   -   863 200 487,
- -   -   1897:   -   1 099 743 554.

Import- und Exportziffern zusammengenommen zeigen im Jahre 1897 den gröfsten auswärtigen Handelsverkehr, den die Vereinigten Staaten jemals hatten.

Während die Ziffern des Importes während der letzten 10 Jahre mehrmals überschritten wurden, steht der enorme Export im Jahre 1897 mit Dollars 1 099 743 554 einzig da.

Die Handelsbilanz stellte sich in den Jahren 1896 und 1897 wie folgt:

	Export.	Import.
1897:	Doll. 1 099 743 554	Doll. 742 631 350
1896:	- 1 005 851 354	- 681 576 139
Plus 1897:	Doll. 93 892 200	Doll. 61 055 211.

	Total.	Export Plus.
1897:	Doll. 1 842 374 904	Doll. 357 112 204
1896:	- 1 687 427 493	- 324 275 215
Plus 1897:	Doll. 154 947 411	Doll. 32 836 989.

Interessant ist, wie aus obigen Ziffern ersichtlich, daſs die Handelsbilanz im Jahre 1897 die enorme Ziffer von 357 Millionen Dollars zu Gunsten der Vereinigten Staaten aufweist.

Dessenungeachtet war der Goldexport der Vereinigten Staaten um 255 000 Dollars gröſser, wie der Goldimport.

Diese Thatsache dürfte sich wohl durch folgende Annahmen erklären lassen:

1. Daſs die Vereinigten Staaten noch groſse Summen für Zinsen in Europa befindlicher amerikanischer Eisenbahnwerte und Staatsobligationen zu remittieren haben.

2. Daſs die Vereinigten Staaten den englischen und deutschen Reedereien groſse Beträge für den Transport von Waren von und nach den United States zu decken haben, was schon daraus hervorgeht, daſs nur ca. 8 % des amerikanischen Exportes und nur ca. 15 % des amerikanischen Importes in amerikanischen Schiffen stattfindet.

3. Dürfte anzunehmen sein, daſs bei dem wachsenden Reichtum der Amerikaner in Europa befindliche

Eisenbahnwerte und Staatsobligationen nach den United States unausgesetzt zurückströmen.

4. Bringen die zahlreichen amerikanischen Reisenden und die in Europa lebenden amerikanischen Rentner viele Millionen nach dem Auslande.

Untersuchen wir nunmehr, welche Ausfuhrartikel den Export vom Jahre 1897, verglichen mit dem des Jahres 1896, um 94 Millionen Dollars gehoben haben, so finden wir, dafs von diesem Plus 65 Millionen auf landwirtschaftliche Produkte, 26 Millionen auf industrielle Artikel entfallen, was ungefähr einem Anwachsen des Exportes von 10 % auf beiden Gebieten entspricht.

Der Totalbetrag, welchen die Vereinigten Staaten für den **Export landwirtschaftlicher Produkte** vereinnahmten, belief sich auf

Dollars 683 471 139 oder 66,23 %

des Totalexportes.

Es figurieren hierbei:

Getreideartikel mit Doll. 197 857 219, ca. 19,17 %,
Baumwolle, roh u. verarbeitet . . . . . . - 259 928 649, - 25,18 %,
Fleischartikel und Produkte der Milchwirtschaft . . . . - 137 138 084, - 13,29 %

des Exportes.

Der Export an **industriellen Erzeugnissen** stellt sich auf Doll. 277 285 391 oder auf 26,87 % des Totalexportes.

Es mufs an dieser Stelle auf die wichtige Thatsache aufmerksam gemacht werden, in welch bedeutendem Prozentsatze der Export der amerikanischen Industrie auch im Jahre 1897 wieder gewachsen ist.

So zeigt, um einige Beispiele anzuführen, der Export von Eisen- und Stahlwaren eine Steigerung von 14 Mill. Doll., von Holz und Holzwaren eine solche von 5½ Mill. Doll.

Sehr interessant ist es zu konstatieren, dass infolge der rapiden Entwickelung der amerikanischen Industrie die Zahlen des Exportes landwirtschaftlicher Produkte im Verhältnis zu den Zahlen des Exportes industrieller Erzeugnisse konstant zurückgehen.

1880 machten landwirtschaftl. Produkte 83,25 %,
1890 - - - 74,51 %,
1897 - - - 66,23 %
des Gesamtexportes aus.

Dagegen belief sich
1880 der Export industrieller Erzeugnisse auf 12,48 %,
1890 - - - - - 17,87 %,
1897 - - - - - 26,87 %
des Gesamtexportes.

Nachdem wir durch obige Betrachtungen einen Überblick darüber gewonnen haben, welche Bedeutung den verschiedenen Produkten im Exporte der Vereinigten Staaten zukommt, wollen wir noch die kommerzielle Stellung der Vereinigten Staaten im Verkehr mit den anderen Nationen feststellen.

Land.	Import a. demselben n. d. United States.	Export n. demselben a. d. United States.
England	Doll. 159 002 286	Doll. 482 695 024
Deutschland	- 98 062 278	- 136 277 886
Frankreich	- 66 730 631	- 73 665 199
Brit. N.-Amerika	- 39 348 106	- 73 728 616
Niederlande	- 13 782 795	- 59 672 319
Brasilien	- 65 928 850	- 13 767 505
Belgien	- 13 910 545	- 41 769 322

Land.	Import a. demselben n. d. United States.	Export n. demselben a. d. United States.
China u. Hongkong	Doll. 24 016 794	Doll. 17 014 052
Japan	- 28 085 123	- 16 009 471
Italien	- 20 165 602	- 21 336 735
Mexiko	- 19 650 099	- 21 061 152
Cuba	- 16 233 456	- 9 308 515

	Totalverkehr.	Prozentsatz des Gesamthandels der United States.
England	Doll. 641 696 310	34,83 %
Deutschland	- 234 340 164	12,72 %
Frankreich	- 130 395 830	7,08 %
Brit. N.-Amerika	- 113 076 722	6,14 %
Niederlande	- 73 455 114	3,99 %
Brasilien	- 79 696 355	4,32 %
Belgien	- 55 679 867	3,02 %
China u. Hongkong	- 41 030 846	2,23 %
Japan	- 44 094 594	2,39 %
Italien	- 41 502 337	2,25 %
Mexiko	- 40 711 251	2,21 %
Cuba	- 25 541 971	1,38 %.

Es geht hieraus hervor, daſs Deutschland im Jahre 1897 im Handelsverkehr mit den Vereinigten Staaten an zweiter Stelle rangiert, daſs unser Export nach den United States sich auf 98 Millionen, unser Import dagegen auf 136 Millionen Dollars belief und daſs der Verkehr mit Deutschland 12,72 % des Totalverkehrs der Vereinigten Staaten ausmachte.

Nach diesen Ausführungen allgemeiner Natur gehen wir zur detaillierten Betrachtung sämtlicher wichtigen landwirtschaftlichen Exportartikel der Vereinigten Staaten über.

3. Der Export amerikanischen Weizens und Weizenmehles.

Die Vereinigten Staaten exportierten im Jahre 1897 nach

	Büschel Weizen	Faſs Mehl
Belgien	3 863 435	60 904
Frankreich	264 422	408
Deutschland	3 000 477	169 363
Holland	2 100 271	650 844
Portugal	1 600 458	2 987
Azoren	164 886	126
England	55 742 689	8 256 630
Rest Europas	775 802	93 670
Zusammen nach Europa	67 512 440	9 234 932
Brit. Kolonieen	5 581 151	709 873
Südamerika	178 423	1 297 839
Centralamerika	80 575	280 530
Westindien, Haïti, St. Domingo, Cuba und Portorico	1 539	1 164 525
Hongkong u. Japan	76 508	237 126
Australien	1 843 309	395 498
Andere Länder	3 381 473	—
Total	79 562 020	14 569 545.

Als Basis zur Umrechnung mögen folgende Zahlen dienen:

1 bushel = 60 engl. Pfund,
112 engl. Pfund = 50³/₄ Kilo,
1 Faſs (barril) = 4¹/₈ bushels.

Obige Zahlen, den Export von Weizen nach Deutschland betreffend, sind insofern unrichtig, als ein groſser Teil des unter Belgien und Holland notierten Weizens daselbst nur transitierte und von Antwerpen und Rotterdam aus nach Südwest-Deutschland weiter expediert wurde.

Der deutschen Statistik nach importierte Deutschland im Jahre 1897: Total 11 789 889 Metercentner Weizen, wovon aus den United States 2 072 606, im Jahre 1898: Total 14 774 554 Metercentner Weizen, wovon aus den United States 5 280 213 Metercentner.

Der Mehlexport beläuft sich im Verhältnis zum Weizenexport auf ca. 47¹/₂ %.

In vorhergehenden Jahren stellte sich der Mehlexport so, daſs er über 50 % des Weizenexportes ausmachte.

Wir ersehen hieraus, daſs die Vereinigten Staaten durchschnittlich über die Hälfte ihrer zu exportierenden Weizenernte in der Gestalt von Mehl zur Ausfuhr bringen.

Dieser Mehlexport ist eine interessante Erscheinung und verdient besondere Beachtung. Derselbe zeigt uns das wichtige Prinzip der Amerikaner, welches ihnen ein Übergewicht über die anderen konkurrierenden Agrikulturstaaten giebt, nämlich dasjenige, die Produkte ihrer Landwirtschaft nicht in der primitiven Form von Getreide, so wie die Konkurrenz, an den Weltmarkt zu bringen, sondern die Bodenprodukte thunlichst in veredelter Form zu verwerten.

Es ist selbstverständlich, daſs dieser Mehlexport der Vereinigten Staaten auch im Interesse unserer Landwirtschaft richtig beleuchtet werden muſs.

4. Der Mehlexport und die Mühlenindustrie der Vereinigten Staaten.

Es ist augenscheinlich, daſs ein Agrikulturstaat, welcher über eine hochentwickelte Mühlenexportindustrie verfügt, der heimischen Landwirtschaft hierdurch groſse Dienste leisten kann.

Gestützt auf diese Mühlenindustrie verfügt die Landwirtschaft nicht nur über die Möglichkeit, das Getreide in seiner primitiven Gestalt auszuführen, sondern dieselbe hat auſserdem die Chance, den Weizen zu Mehl verarbeitet an den Weltmarkt zu bringen.

Die Praxis zeigt, daſs es häufig möglich ist, Mehl zu exportieren, wenn die Ausfuhr von Getreide schwierig ist und häufig auch das Gegenteil.

Auſserdem aber kann die Mühlenindustrie oft Preise für das Getreide zahlen, welche die Landwirte im anderen Falle nicht erlösen würden.

Den Export von Mehl für den Weltmarkt haben die Vereinigten Staaten quasi monopolisiert, was uns die Einfuhr des Hauptmehlimportlandes, nämlich Englands, sofort zeigen wird.

England importierte im Jahre 1898 8 325 000 Sack Mehl von 280 engl. Pfund.

Hiervon kamen 88% aus den Vereinigten Staaten und Kanada und nur 12% aus sämtlichen übrigen Exportstaaten.

Es wird niemand bestreiten können, daſs diese Thatsache des fast monopolisierten Mehlexportes der amerikanischen Landwirtschaft einen wichtigen Vorteil im Vergleich zur Landwirtschaft nicht nur der konkurrierenden Exportstaaten, sondern ganz besonders auch der Getreide importierenden Staaten verleiht.

Wir werden die Leistungsfähigkeit der amerikanischen Mühlenindustrie beurteilen können, wenn wir in folgende Details eingehen.

Es produzierten folgende Hauptcentren der amerikanischen Mühlenindustrie im Jahre 1897:

Minneapolis . . .	13 625 205	Faſs Mehl,
St. Louis	1 080 916	- -
Baltimore	368 091	- -
Philadelphia . . .	240 000	- -
Milwaukee. . . .	1 753 020	- -
Buffalo	1 097 883	- -
Toledo	900 000	- -
Detroit	331 000	- -
Chicago.	1 188 126	- -
Duluth u. Superior	2 532 830	- -
Kansas City . . .	703 978	- -
Peoria	95 000	- -
Cincinnati	278 718	- -
Cleveland	368 028	- -
Indianapolis . . .	363 484	- -

Man sieht aus dieser Zusammenstellung, daſs das Herz der amerikanischen Mühlenindustrie die berühmte Mühlenstadt Minneapolis ist.

Mit der Mühlenindustrie von Minneapolis kann sich keine andere in irgend einem Teile der Erde messen.

Betrachten wir diese Minneapolis-Mühlenindustrie genauer, so ergiebt sich das Faktum, dafs dieselbe sich in nur **vier grofsen Gesellschaften** konzentriert, nämlich in

	Tägl. Leistungsfähigkeit
The Pillsbury Washburn Flour Mill Co.	25 230 Fafs Mehl,
The Consolidated Milling Co. .	11 600 - -
The Washburn-Crosby Co. . . .	23 122 - -
The Minneapolis Flour Manufacturing Co.	4 400 - -
Aufserdem noch 3 Mühlen mit zusammen	2 200 - -

In Minneapolis wurden im Jahre 1897 ca. 61 Mill. bushels Weizen vermahlen.

Wir sehen hier dieselbe Erscheinung, wie sie sich auf allen Gebieten des kommerziellen und industriellen Lebens in den Vereinigten Staaten heute bemerkbar macht, die Produktion und den Vertrieb in möglichst wenigen Händen zu konzentrieren.

Mühlen mit einer Leistungsfähigkeit von 25 000 Fafs per Tag sind für europäische Begriffe [etwas Aufsergewöhnliches.

Diese Mühlenindustrie in Minneapolis ist für die Landwirtschaft in den nordwestlichen Staaten der Union, der Region des Sommerweizens, ein sehr wichtiger Faktor.

Wie wir aus der Mühlenstatistik ersehen haben, ist auch in den anderen Teilen des Landes allenthalben, wenn auch weniger konzentriert, eine grofse

Mühlenindustrie vorhanden, welche sich an dem Exporte beteiligt.

Landwirtschaft und Mühlenindustrie in Deutschland sind seit Anfang der 1880er Jahre durch einen entsprechenden Zoll vor der Überschwemmung mit amerikanischem Mehle gesichert.

Alle europäischen Staaten mit Ausnahme von England, Belgien, Holland haben das Gleiche gethan und die Spannung zwischen Getreide- und Mehlzöllen derart festgesetzt, dafs der Import von Mehl fast ausgeschlossen, jedenfalls aber sehr erschwert ist.

5. Mais und der Export von Fleischwaren.

Haben wir in vorstehendem Kapitel gesehen, wie die Mühlenindustrie der Vereinigten Staaten sich in den Dienst der Landwirtschaft stellt, um den Weizen günstig zu verwerten, so werden wir nunmehr beobachten, wie die Amerikaner auch das Gros ihres Exportes von Mais in veredelter Form vollführen.

Die Amerikaner exportieren nämlich nur einen verschwindend kleinen Prozentsatz dieser Ernte in der primitiven Form von Mais; dieselben verwenden denselben dagegen zur Mästung von Schweinen und Vieh, um das Fleisch der gemästeten Tiere zur Ausfuhr zu bringen.

Die Vereinigten Staaten ernten ungeheure Quantitäten Mais, Quantitäten, mit denen sich die Produktion aller anderen Länder gar nicht vergleichen läfst, wie dies aus der Tabelle Nr. 1 leicht ersichtlich ist.

Im Jahre 1896 ernteten die U. S. 2 283 875 165,
  - - 1897 -   - U. S. 1 902 967 933
bushels Mais.

Hiervon kamen
     im Jahre 1896   nur ca. 4 %
     - - 1897   - - 8 %
     in den Jahren vorher - - $3^{1}/_{3}$ %

zum Export, weil der amerikanische Farmer, wie erwähnt, seine Rechnung viel besser dabei findet, Schweine und Vieh zu mästen, als Mais zum Export zu liefern.

In früheren Jahren schickten Texas und der Westen viel mageres Vieh in die Schlächtereien nach Chicago.

Das hat sich wesentlich geändert.

Texas und der Westen schicken das Vieh jetzt erst nach den grofsen Mais produzierenden Distrikten, woselbst dasselbe gemästet wird, um alsdann in die Exportschlächtereien nach Chicago, Milwaukee, St. Louis etc. verkauft zu werden.

In Chicago allein wurden im Jahre 1897 6 700 000 Schweine geschlachtet, ca. 1 Million mehr, wie 1896.

Die Vereinigten Staaten exportierten 1897:

Speck . . . . . für 34 Millionen Dollars,
Schinken . . - 16 - -
Schweinefleisch - 3 $^1/_2$ - -
Schmalz . . . - 29 - -
    Zusammen für 82 $^1/_2$ Million. Dollars.

Hierzu kommt noch der Export von Ochsenfleisch mit . . . . . 33 $^1/_2$ - -
sowie der Export anderer
Fleischsorten mit . . . 11 - -
was einen Betrag von   127 Million. Dollars ergiebt.

Fast die Totalität dieses Exportes geht nach Europa. An der Spitze der Importstaaten befindet sich England. Deutschland importierte der amerikanischen Statistik nach:

Ochsenfleisch   9 561 133 engl. Pfd. i. Werte v. 624 807 Doll.,
Schweinefleisch   1 902 637 - - - - 101 639 -
Speck u. Schinken 29 822 272 - - - - 1 840 450 -
Schmalz   166 192 473 - - - - 8 317 050

Aus Obigem dürfte hervorgehen, dafs unsere deutschen Landwirte den Amerikanern gegenüber einen doppelt schwierigen Stand haben, da sie nicht nur gegen das Getreide, sondern auch gegen diesen unter so günstigen Umständen produzierten Fleischexport kämpfen müssen.

Es darf dabei nicht aufser Betracht bleiben, dafs dem Farmer zur Mästung des Viehes nicht nur der billige Mais zur Verfügung steht, sondern dafs er auch sehr billiges Futter durch die amerikanische Kleie, das Baumwollsaatmehl u. s. w. hat.

Unsere Landwirte dagegen müssen amerikanische und andere ausländische Kleien, ausländische Ölkuchen, amerikanisches Baumwollsaatmehl u. s. w., sowie auch amerikanischen Mais importieren, können daher ohne wirksamen Schutz die Konkurrenz der Amerikaner nicht bestehen.

Deutschland importierte im Jahre 1898:
Ölkuchen im Betrage von 46,4 Mill. Mk., wovon aus den United States für 18,2 - -
Kleie im Betrage von 44,6 - -
wovon aus den U. S. für 4,6 - -

Deutschland importierte im Jahre 1897: Total 12 663 052 Metercentner Mais, wovon 9 759 898 aus den United States; im Jahre 1898: Total 15 805 856 Metercentner Mais, wovon 12 316 851 aus den United States.

Welche Energie die Amerikaner beim Export von Fleischwaren entwickeln, können wir an einem Beispiele des englischen Importes sehen.

Der Export von frischem Schweinefleisch aus Amerika nach England begann im Jahre 1896 mit 8 638 englischen Centnern, stieg im Jahre 1897 auf

61213 englische Centner und erreichte 1898 bereits die Höhe von 276798 englischen Centnern.

Es ist dies ein charakteristisches Zeichen, wie die Amerikaner den Export betreiben.

Ich erwähne beiläufig auch, daſs die Vereinigten Staaten im Jahre 1898 auſserdem 2301956 engl. Centner geschlachtetes Ochsenfleisch nach England exportierten.

6. Roggen.

Dieser Artikel spielt für die deutsche Landwirtschaft eine grofse Rolle.

Deutschland ist nach Rufsland dasjenige Land, welches die gröfste Roggenproduktion hat.

Während jedoch Rufsland in der Lage ist, regelmäfsig gröfsere oder kleinere Quantitäten, je nach Ausfall der Ernte, zu exportieren, mufs Deutschland stets grofse Quantitäten importieren.

Deutschland nimmt mit Roggen insofern eine Ausnahmestellung am Weltmarkte ein, als es das Land ist, welches die weitaus gröfsten Quantitäten importiert und daher eine tonangebende Position beanspruchen kann.

Es ist dies um so mehr der Fall, als die anderen Staaten, welche Roggen regelmäfsig in namhaften Quantitäten importieren, eigentlich nur Skandinavien, Holland, Belgien und Österreich sind, deren Importbedarf gegen den deutschen jedoch weit zurücksteht.

Das wichtigste Land zur Deckung unseres Roggenbedarfs ist R u f s l a n d.

Der deutsche Markt ist andererseits, wie aus obigen Ausführungen hervorgeht, für Rufsland überaus wichtig zur Plazierung seines Überschusses an Roggen.

Exportländer, die aufserdem noch in Betracht kommen, sind Rumänien, die Türkei (Dedeagatoch-Roggen) und schliefslich Bulgarien.

Was nun die Vereinigten Staaten betrifft, so läfst sich konstatieren, dafs dieselben hinsichtlich Roggen bisher keine grofsen Konkurrenten waren, und zwar aus folgenden Gründen:

Roggen nimmt eine nur untergeordnete Stellung in der Getreideproduktion der Vereinigten Staaten ein.

So ist z. B. das Verhältnis der verschiedenen Ernten im Jahre 1897:

1 bushel Roggen gegen 19 bushels Weizen,
1 - - - 25 - Hafer,
1 - - - 70 - Mais.

Nur in den Staaten Pennsylvanien, New York und Wisconsin werden grofse Quantitäten Roggen gepflanzt, und zwar die Hälfte der amerikanischen Produktion. Die andere Hälfte verteilt sich auf die restlichen 33 Staaten, wovon in 13 Staaten nicht einmal 100 000 bushels geerntet werden.

Die ganze Produktion der Vereinigten Staaten im Jahre 1897 belief sich auf 27 363 324 bushels.

Diese Roggenernte war eine der gröfsten und wurde nur in den Jahren 1882, 1883, 1884 und 1888 übertroffen.

Die grofse 1897er Ernte war eine Folge des hohen Durchschnittsertägnisses per Acre, nicht aber das Resultat einer gröfseren Anbaufläche.

Bei Beurteilung der Produktion und des Konsums in den Vereinigten Staaten ist es auffallend, wie elastisch der letztere ist und wie er sich quasi dem Exportbegehr anschmiegt.

Während der Fiskaljahre 1887—1897 belief sich der Bedarf zur Spritbereitung in den Vereinigten Staaten auf durchschnittlich 3 625 666 bushels per Jahr, und zwar zeigte das Maximum mit 5 521 202 bushels das Fiskaljahr 1892/93, und das Minimum mit 1 658 101 bushels das Fiskaljahr 1896/97.

(Das Fiskaljahr endigt jeweils am 30. Juni.)

Auch der Export variierte stark.

Der Durchschnittsexport während der Fiskaljahre 1887—1897 stellt sich auf 2 626 352 bushels.

Dabei kommt ein Jahr mit einem Exporte von nur wenigen 10 000 bushels vor, während das gröfste Exportjahr ein Quantum von 12 041 316 bushels aufweist.

Wie bereits erwähnt, scheint sich der heimische Bedarf der Exportnachfrage, resp. den erzielbaren Preisen anzupassen und bei guten Preisen, die im Auslande zu bedingen sind, auf ein Minimum zusammenzuschrumpfen.

Deutschland hat in früheren Jahren auch Quantitäten Roggen aus Kanada bezogen. Bei den derzeit mit Kanada schwebenden Zollfragen kann man diesen Export vorerst ganz aufser Betracht lassen.

Deutschland importierte im Jahre 1897: Total 8 568 315 Metercentner Roggen, wovon 1 429 973 aus den Vereinigten Staaten; im Jahre 1898: Total 9 140 723 Metercentner Roggen, wovon 2 489 123 aus den Vereinigten Staaten.

7. Gerste.

Bei Gerste liegen die Verhältnisse ähnlich wie bei Roggen.

Auch bei diesem Artikel hat die deutsche Landwirtschaft, wie es scheint, vorerst keine scharfe Konkurrenz seitens der Vereinigten Staaten zu erwarten.

Es ist hier vor allem in Betracht zu ziehen, dafs Gerste, wie wir sie in Deutschland für unsere Brauereien benötigen, eine Qualitätsware ist, die wir nur aus wenigen Ländern in guter Beschaffenheit importieren können.

Deutschland produziert selbst die feinste Brauergerste und braucht keinerlei fremde Konkurrenz zu fürchten.

Deutschland ist für diesen Artikel sogar Exportland und versorgt teilweise englische, holländische und belgische Brauereien mit feiner Gerste.

Der deutsche Gerstenexport nach England geschieht von Hamburg aus für Saale-Gerste und ähnliche Provenienzen, von Stettin aus in Oderbruch und schlesischen Gersten. Aufserdem exportiert Mannheim pfälzische, hessische und fränkische Gersten nach Belgien, Holland und England.

Das einzige Land, aus welchem Brauer und Mälzer

die fehlende feine Brauerware in Quantitäten decken können, ist Österreich-Ungarn.

Die Vereinigten Staaten haben sich mit feiner Brauergerste als Konkurrenten für unsere Landwirte bisher noch nicht besonders fühlbar gemacht. Erst seit einigen Jahren werden größere Quantitäten **kalifornischer Gerste** von deutschen Brauern und Mälzern verarbeitet.

Die Ursachen, weshalb die amerikanische Konkurrenz seither nicht stärker war, sind folgende:

Die Produktion der Vereinigten Staaten in Gerste belief sich im Jahre 1897 auf 66 685 127 bushels; das ist 4,3 % weniger, wie im Jahre 1896. Die kleinere Ernte war die Folge einer um 7,8 % kleineren Anbaufläche.

Die Ernte 1897 war überhaupt die kleinste seit dem Jahre 1886.

Das Eigentümliche beim Gerstenanbau in den Vereinigten Staaten ist, ganz analog wie beim Roggenanbau, daß sich derselbe hauptsächlich in sechs Staaten konzentriert, so zwar, daß diese mehr wie $4/5$ der ganzen Ernte produzieren, während auf die anderen 30 Staaten nur $1/5$ entfällt.

Diese sechs Staaten sind: Wisconsin, Minnesota, Jowa, Dakota, Kalifornien, New York.

Kalifornien steht schon seit 40 Jahren an der Spitze der amerikanischen Gerstenkultur und produzierte 1897 30,4 % der Totalernte, resp. mehr wie das Doppelte irgend eines anderen Staates.

Der Gesamtgerstenexport betrug:
    1892   2 800 075 bushels,
    1893   3 035 267 -
    1894   5 219 405 -
    1895   1 563 754 -

1896 7 680 331 bushels.
1897 20 030 301   -

Demnach ist der Export seit 1892 mit Ausnahme von 1895 unausgesetzt und stark gestiegen.

Die kalifornische Gerste erfreut sich bei englischen Brauern grofser Beliebtheit und das Gros des Exportes wendet sich auch nach diesem Lande.

Allem Anschein nach hat unsere Landwirtschaft seitens der Vereinigten Staaten, was Brauergerste betrifft, vorerst noch keine fühlbare Konkurrenz zu erwarten; natürlich kann sich das bei einem Exportstaate, wie den Vereinigten Staaten, rasch ändern, zumal wenn die Gerste sich bei deutschen Brauern und Mälzern gut einführen sollte und mit hohen Preisen, ähnlich den für deutsche und österreichische Gersten bewilligten, bezahlt werden würde.

Was bis jetzt für den amerikanischen Export teilweise einen Hemmschuh bildete, war folgender Umstand:

Im Nordwesten der Vereinigten Staaten, speciell in Minnesota, Dakota, Jowa und Wisconsin, werden, wie oben ausgeführt, grofse Quanten Gerste gebaut.

Während nun das quantitative Erträgnis in diesen Staaten ein sehr grofses ist, scheint es, als ob die Farmer daselbst noch nicht die besten Mittel beim Gerstenbau anwendeten, ganz speciell aber nicht die notwendige Sorgfalt beim Ernten beobachteten.

Die Folge davon ist, dafs viele Gerste als Futtergerste, nicht aber als Brauergerste klassifiziert wird und daher kaum mehr als die Hälfte für den Farmer bringt, wie dieser andernfalls erzielen würde.

Man kann mit solchen Mifsständen in der Landwirtschaft jedoch nicht unbedingt und nicht für alle Zukunft rechnen. Die Farmer in diesen Staaten werden sich aller Wahrscheinlichkeit nach bemühen, die Qualitäten auf ein höheres Niveau zu bringen. Aufserdem aber könnte Kalifornien, wie erwähnt, bei Erzielung guter Preise seinen Gerstenanbau noch vergröfsern.

Schliefslich ist es nicht ausgeschlossen, dafs auch noch andere amerikanische Staaten diese Kultur mehr, wie seither, pflegen werden.

Es ist demnach nicht unmöglich, dafs wir, was Brauergerste betrifft, mit den Vereinigten Staaten in Zukunft viel stärker zu rechnen haben werden, wie seither.

Deutschland importierte im Jahre 1897: Total 10 635 147 Metercentner Gerste, wovon 1 189 282 aus den Vereinigten Staaten, 3 384 826 aus Österreich-Ungarn, 4 879 741 aus Rufsland (Futtergerste); im Jahre 1898: Total 11 530 671 Metercentner Gerste, wovon 376 289 aus den Vereinigten Staaten.

Ich bemerke noch, dafs sich obige Ausführungen auf den Import von Brauergerste beziehen.

Was nun den Import von Futtergerste betrifft, der hauptsächlich von Rufsland stattfindet, so hat derselbe für unsere Landwirtschaft eine ganz andere Bedeutung und mufs daher von einem ganz anderen Gesichtspunkte aus betrachtet werden.

8. Hafer.

Die Vereinigten Staaten spielen seit einigen Jahren eine bedeutend gröfsere Rolle bei der Deckung des deutschen Haferimportes wie früher.

So führten wir im Jahre 1897 bei einem Gesamtimport von ca. 5 $^1/_2$ Millionen Metercentner ca. 1 Million Metercentner aus den Vereinigten Staaten, und im Jahre 1898 bei einem Gesamtimport von ca. 4$^1/_2$ Millionen Metercentner ca. 2$^1/_4$ Millionen Metercentner aus den Vereinigten Staaten ein.

Der Gesamtexport der Vereinigten Staaten von Hafer stellte sich während der letzten 6 Jahre, wie folgt:

```
1892 auf  9 425 078 bushels,
1893  -   2 380 643    -
1894  -   5 750 266    -
1895  -     570 257    -
1896  -  13 012 590    -
1897  -  35 096 736    -
```

Wir bemerken hier seit dem Jahre 1896 ein starkes Anwachsen des Exportes, und aller Voraussicht nach dürften wir auch in Zukunft, nächst Rufsland, grofsen regelmäfsigen Import in amerikanischem Hafer zu erwarten haben.

Diese Wahrscheinlichkeit erwächst aus dem Umstande, dafs bei neukultiviertem Lande in den Vereinigten Staaten zuerst Weizen gebaut wird und erst späterhin, wenn die Viehzucht in diesen Distrikten stärker wird, sich auch der Anbau von Hafer und Mais entwickelt. Deshalb fangen jetzt auch die Nordwest-Staaten, speciell Minnesota, an, Hafer in grofsen Quantitäten zu bauen und an den Markt zu bringen. Es dürfte dies die seit einigen Jahren steigende Ausfuhr von Hafer erklären und diesen Export in gröfseren Dimensionen auch in Zukunft wahrscheinlich machen.

Seit einigen Jahren wird in den Vereinigten Staaten die Fabrikation von Hafermehl stark betrieben, und dieses Produkt wird mit grofser Energie in das Ausland abgesetzt.

Im Jahre 1897 exportierten die Vereinigten Staaten für 1 071 340 Dollars Hafermehl.

9. Export diverser landwirtschaftlicher und landwirtschaftlich-industrieller Produkte.

1. Kleesamen.

Die Vereinigten Staaten bringen hiervon regelmäfsig grofse Quantitäten zum Export: besonders Chicago ist ein wichtiges Centrum für den Handel und Export von Kleesamen jeder Art.

Im Jahre 1897 exportierten die Vereinigten Staaten für:

Doll. 1 432 536 diverse Arten Kleesamen.
- 3 850 835 Flachs- und Leinsaat.
- 574 457 Thimothee.

Der Export geht zum grofsen Teil nach England und dem europäischen Kontinent.

2. Heu.

Auch diesen Artikel exportieren die Vereinigten Staaten. Im Jahre 1897 für 845 590 Dollars.

3. Glucose.

Der Export stellte sich 1897 auf 2 736 674 Dollars.

4. Malzpräparate.

Es werden jetzt grofse Quantitäten Malz zu allerlei tonischen Zwecken in den Vereinigten Staaten gebraucht.

Diese Industrie hat stark zugenommen und ist in unausgesetztem Wachsen. Auch der Export dieser Artikel ist ein steigender. Im Jahre 1897 wurden für 723 949 Dollars solche Malzpräparate exportiert.

Malz wurde dagegen nur für 177 292 Dollars zum Export gebracht.

5. Ölkuchen.

Die Vereinigten Staaten exportierten hiervon 1897 für 5 515 800 Dollars.

Der Export erfolgte zum gröfsten Teil nach England und Deutschland.

10. Obst und Gemüse.

Diese Artikel fangen an, im Exporte der Vereinigten Staaten eine Rolle zu spielen.

Obst.

Die Vereinigten Staaten exportierten davon
im Jahre 1896 für 5 585 783 Doll.,
- - 1897 - 7 739 305 -

nämlich
für 1 340 159 Doll. getrocknete Äpfel,
- 2 371 143 - grüne und reife Äpfel,
- 1 686 723 - eingemachtes Obst,
- 2 215 475 - alle anderen Obstsorten, grün, reif und getrocknet,
- 125 805 - Nüsse.

zus. für 7 739 305 Dollars.

Der Export fand zum grofsen Teil nach Europa statt.

St. Louis ist ein grofses Centrum für diese Artikel und exportiert direkt nach Europa.

Hauptlieferanten für St. Louis sind die Staaten Arkansas, Illinois, Missouri und andere umliegende Staaten.

Kalifornien ist jedoch der Staat in den Vereinigten Staaten, welcher heute als tonangebend in der Produktion von Obst bezeichnet werden mufs.

In Kalifornien macht man jetzt aus der Obstkultur eine Hauptaufgabe der Landwirtschaft.

Ebenso wie früher Weizen der Hauptstapelartikel dieses Staates war, ist es heute Obst, so zwar, dafs das Land heute mehr aus Früchten erzielt, wie aus dem Weizenbau.

Vor 15 Jahren bildete die Traubenkultur das wichtigste Objekt, während jetzt Orangen und Citronen in erster Linie kommen.

Im Jahre 1896 wurde das Erträgnis an Orangen und Citronen auf 3780000 Kisten geschätzt.

Vor 25 Jahren noch importierte Kalifornien Trauben. Heute produziert Kalifornien jährlich 90 bis 100 Mill. engl. Pfund Trauben.

Der Kultur von Pflaumen schenkte man erst im Jahre 1880 Aufmerksamkeit. Jetzt werden davon jährlich zwischen 45 und 65 Mill. engl. Pfund (getrocknete Ware berechnet) produziert.

Im Jahre 1895 verschiffte Kalifornien

6625	Waggons	frisches Obst,
6132	-	getrocknetes Obst.
4638	-	Rosinen,
3129	-	eingemachtes Obst.
11582	-	Orangen und Citronen,
1333	-	Nüsse,
8056	-	Wein und Branntwein.

Man ersieht hieraus die aufserordentliche Leistungsfähigkeit Kaliforniens.

Überhaupt ist der Obstbau in den Vereinigten Staaten heute allenthalben derart entwickelt, dafs alle Märkte von Obst strotzen, so zwar, dafs es trotz aller Bemühungen häufig weder möglich ist, dasselbe im Inlande unterzubringen, noch zu exportieren.

Obst ist ¦in den Vereinigten Staaten so billig, dafs die ärmsten Klassen es reichlich und täglich konsumieren können.

Obst wird in den Vereinigten Staaten nicht mehr als Luxusartikel betrachtet, sondern als ein notwendiges, gesundes Nahrungsmittel.

Gemüse.

Die Vereinigten Staaten exportierten im Jahre 1897:

    für 1 110 387 Doll. Gemüse,
    -    60 088 - Zwiebeln,
    - 515 067 - Kartoffeln,
    - 408 840 - Gemüse in Büchsen,
    - 243 542 - Gemüse, eingemacht,
  zus. für 2 337 924 Dollars.

Aufserdem Dürrgemüse, Bohnen und Erbsen für 1 110 387 Dollars.

11. Milchwirtschaft.

Wir gehen nunmehr zur Milchwirtschaft über, welche seitens der amerikanischen Landwirte ebenfalls in vorzüglicher Weise betrieben wird und aufserordentlich wertvolle Produkte für die Ausfuhr liefert.

Auch dieser Betrieb ist in gewissem Sinne eine industrielle Ausbeute, weil die primitiven Bodenprodukte verfüttert werden, um in der Form von Butter und Käse zum Export zu gelangen.

Die Amerikaner exportierten im Jahre 1897 31345224 engl. Pfund Butter im Betrage von 4493364 Dollars.

Die Hauptimportländer waren England, Deutschland und Dänemark.

Ferner exportierten die Vereinigten Staaten im Jahre 1897 50944617 engl. Pfund Käse im Betrage von 4636063 Dollars, hauptsächlich nach England und etwas nach Kanada.

Die Zunahme im Export von Butter und Käse ist eine ganz bedeutende, wie folgende Ziffern zeigen.

Der Export belief sich im Jahre 1896 nur
    auf 2937203 Dollars für Butter
und - 3091914   -   - Käse.

12. Export von Vieh.

Folgende statistischen Angaben dürften von Interesse sein.

Nach der Schätzung des Agrikultural-Departements in Washington befand sich am 1. Januar 1898 folgendes Vieh auf den Farmen in den Vereinigten Staaten:

13 960 911 Pferde.
2 257 665 Maultiere.
15 840 886 Milchkühe.
29 264 197 Ochsen und anderes Rindvieh.
37 656 690 Schafe.
39 759 993 Schweine.

Der Export der Vereinigten Staaten belief sich 1897 auf

392 190 Stück Rindvieh im Betrage von 36 357 451 Dollars.
? - Schweine im Betrage von 295 998 Dollars.
39 532 - Pferde im Betrage von 4 769 265 Dollars.
? - Maultiere im Betrage von 545 331 Dollars.
491 665 - Schafe im Betrage von 1 531 645 Dollars.

(Davon gingen 180 304 Stück nach England.)

Geflügel für 68 771 Dollars.

ZWEITER TEIL.

Haben wir im ersten Teile dieser Studie gesehen, daſs der Export der Vereinigten Staaten nicht nur für Getreideartikel, sondern für alle Zweige der landwirtschaftlichen Industrie ein so hervorragender ist, daſs sich kein anderes Exportland damit vergleichen kann, so liegt die Frage nahe, ob besondere kommerzielle und staatliche Einrichtungen in den Vereinigten Staaten bestehen, welche die Landwirtschaft und den Export in specieller Weise fördern.

Es bestehen nun wirklich derartige mustergültige Institutionen in den Vereinigten Staaten, durch welche ein groſser Teil [der Überlegenheit des amerikanischen Exportes über denjenigen aller Konkurrenten hervorgerufen wird.

Diese Einrichtungen sind:
1. Die amerikanischen Börsen.
2. Inspektion und Klassifikation aller Getreideartikel und fast aller landwirtschaftlich-industriellen Produkte.
3. Die zahlreichen öffentlichen Lagerhäuser (Silos mit Elevatoren) zur Einlagerung von Getreide etc.
4. Eisenbahnwesen und Binnenschiffahrt, welche den Transport aller Artikel zu äuſserst billigen Sätzen ermöglichen.
5. Das Agrikultural-Departement in Washington, welches der Landwirtschaft Dienste leistet, die nicht hoch genug angeschlagen werden können.

1. Die amerikanischen Börsen.

In dem wirtschaftlichen Leben der Vereinigten Staaten erfüllen die Börsen Funktionen der wichtigsten Art.

Man darf behaupten, daſs die Vereinigten Staaten sich in wirtschaftlicher Hinsicht niemals zu dem aufgeschwungen hätten, was sie heute sind, wenn sie nicht die Börsen mit ihren für den Verkehr im Innern wie für die Ausfuhr nach dem Auslande in gleicher Weise vorzüglich ausgerüsteten Einrichtungen zur Verfügung gehabt hätten.

Im allgemeinen läſst sich bemerken, daſs die groſsen Hafenplätze der Vereinigten Staaten meistens auch wichtige Börsenplätze sind. Um einen Überblick über die kommerzielle Stellung der einzelnen Hafenplätze zu geben, diene die folgende Übersicht:

Hafen	Total-Import u. Export 1897	Prozentsatz des Total-Imports u. Exports der U. S. per 1897
New-York	871 287 196 Doll.	47,30 %
Boston	189 879 839 -	10,31 %
New-Orleans	114 161 374 -	6,19 %
Philadelphia	95 448 989 -	5,18 %
Baltimore	109 738 156 -	5,95 %
San Francisco	80 651 015 -	4,38 %
Galveston	61 602 956 -	3,35 %
Alle anderen Hafenplätze	319 605 379 -	17,34 %
	1 842 374 904 Doll.	100 %

Es wäre jedoch unrichtig, wenn man annehmen wollte, dafs diese Hafenplätze ausschliefslich oder vorzugsweise die Centren des Handels, der Industrie und des Exportes seien: dem ist nicht so.

Es giebt im Innern der Vereinigten Staaten Plätze, wie z. B. Chicago, Cincinnati, St. Louis, Milwaukee, Minneapolis etc., welche von hervorragender Wichtigkeit für den Getreidehandel und -Export sind.

Aufserdem besitzen z. B. Chicago, Cincinnati, Milwaukee etc. die grofsen Export-Schlächtereien und sind tonangebend für die Fabrikation und die Ausfuhr von Fleischwaren.

Um die Wichtigkeit dieser Binnenplätze kenntlich zu machen und um zu zeigen, wie dieselben den Hafenplätzen im Getreideverkehr teilweise überlegen sind, diene folgende Statistik für die beiden Hauptartikel Weizen und Mais.

Der Verkehr in Weizen und Mais stellte sich im Jahre 1897:

	Ankünfte.		Versandt.	
Kansas City.				
Weizen	26 121 600	bush.	20 878 150	bush.
Mais	20 209 500	-	13 555 500	-
Philadelphia.				
Weizen	6 558 798	-	5 202 419	-
Mais	25 454 441	-	25 129 661	-
Cincinnati.				
Weizen	1 993 342	-	1 551 091	-
Mais	15 673 718	-	13 016 832	-
Baltimore.				
Weizen	17 896 008	-	15 304 039	-
Mais	44 514 388	-	43 048 008	-

	Ankünfte.	Versandt.
St. Louis.		
Weizen	12 057 735 bush.	7 460 083 bush.
Mais	31 077 440 -	25 817 616 -
Buffalo.		
Weizen	56 565 610 -	5 637 101 -
Mais	56 932 625 -	10 815 843 -
Duluth.		
Weizen	48 069 238 -	38 136 536 -
Mais	2 069 297 -	401 819 -
Chicago.		
Weizen	28 087 147 -	26 669 466 -
Mais	116 747 389 -	97 456 807 -
New-York.		
Weizen	38 445 250 -	33 840 506 -
Mais	39 636 895 -	33 202 496 -
Detroit.		
Weizen	4 054 804 -	2 705 001 -
Mais	2 213 910 -	959 718 -
Milwaukee.		
Weizen	9 526 878 -	2 029 999 -
Mais	3 625 188 -	1 876 581 -

Im Anschlufs an obige Statistik dürfte es von Interesse sein, zu sehen, an welchen Plätzen sich Ende 1897 hauptsächlich die Vorräte von Weizen angesammelt hatten.

Von den sichtbaren Vorräten der Vereinigten Staaten von Weizen befanden sich Ende Dezember 1897:

In New-York	3 628 000	bushels
- Buffalo	2 009 900	-
- Chicago	9 764 000	-

In Duluth	1 571 000	bush.
- Toledo	245 000	-
- Detroit	183 000	-
- St. Louis	2 370 000	-
- Milwaukee	138 000	-
- Boston	417 000	-
- Philadelphia	977 000	-
- Kansas City	820 000	-
- Baltimore	1 355 000	-
- Minneapolis	11 828 000	-

Es ist augenscheinlich, von welch grofsem Werte es für den Landwirt ist, wenn er sein zu verkaufendes Getreide nach einem ihm günstig gelegenen Platze senden kann, woselbst seine Ware von offiziellen Inspekteurs besichtigt und klassifiziert wird, so dafs er die Qualität seiner Ware feststellen kann.

Ebenso wichtig ist es aber für den Landwirt, wenn an diesem Platze eine Börse existiert, woselbst der genaue Tagespreis für jede klassifizierte Ware festgesetzt wird, so dafs der Verkäufer genau weifs, was er von seinem Kommissionär, nach Abzug der zu bezahlenden Provision, zu beanspruchen hat.

Schliefslich aber ist es für den Landwirt wichtig, wenn er eventuell, falls ihm ein Verkauf zur Zeit nicht konveniert, seine Ware zu billigem Spesensatze an diesem Platze einlagern und die ihm klassifizierte Ware als solche jederzeit verkaufen kann.

Unter solchen Umständen kann das Getreide des Farmers jederzeit leicht nach diesen Börsencentren strömen und die Grundlage für einen schwungvollen Exporthandel abgeben.

Ähnliche Einrichtungen bestehen in keinem anderen Lande der Erde, und diese wunderbare Organisation ist es auch, welche dem Exporte der Vereinigten Staaten Kraft und Überlegenheit verleiht.

In einige Sätze zusammengefaſst läſst sich also kurz sagen, daſs die hervorragenden Leistungen in national-ökonomischer Hinsicht aller dieser Plätze darin bestehen:

1. Daſs alle Getreideartikel direkt vom Produzenten mit sehr billigen Frachten in diese Centren gesandt und daselbst eingelagert werden können.

2. Daſs die ankommenden Waren gegen Vergütung niederer Spesensätze daselbst inspiziert, klassifiziert und eingelagert werden.

3. Daſs diese klassifizierte Ware einen fixen, allgemein bekannten Tages-Börsenpreis hat.

4. Daſs die klassifizierte, mit Certifikat versehene Ware eine in der ganzen Welt bekannte Qualität von Ware repräsentiert und, mit dem Certifikat versehen, nach allen Ländern exportiert werden kann.

Diese Klassifizierung von Waren ist eine äuſserst wichtige Einrichtung für den amerikanischen Landwirt, zumal sich dieselbe nicht nur auf Getreide, sondern auf fast alle landwirtschaftlichen und landwirtschaftlich-industriellen Erzeugnisse erstreckt.

2. Die Klassifizierung und Certifizierung von Getreide und landwirtschaftlichen Produkten im Welthandel.

Der Gebrauch, Getreide konform Probe zu verkaufen, repräsentiert die ältere Form des internationalen Verkehrs.

Mit dem riesigen Anwachsen des überseeischen Getreidehandels zeigte es sich, dafs ein anderer Modus notwendig war, um dem Verkehr die unerläfsliche Sicherheit und Leichtigkeit zu geben.

In welcher Weise diese Formen gefunden wurden, zeigen nachstehende Bedingungen der Londoner Kontrakte, wie sie im Weltgetreidehandel üblich sind.

Ostindischer Weizen wird unter der Qualitätsbezeichnung verkauft: ›Gute Durchschnittsqualität der Verschiffungen zur Verschiffungszeit und am Verschiffungsort.‹

Die offiziellen Durchschnittsmuster, nach welchen die verschiffte Ware beurteilt wird, werden in London jeden Monat durch die London Corn Trade Association festgestellt.

Australischer Weizen: ›Gute Durchschnittsqualität.‹ Der Weizen soll bei Verschiffung ungefähr dem offiziellen Muster entsprechen, welches von der

Produktenbörse in Adelaïde festgestellt wird und von der London Corn Trade Association gutgeheifsen wurde.

Kalifornischer Weizen: Genau gleiche Bedingungen wie australischer Weizen, mit dem Unterschiede, dafs die Muster von der Produktenbörse in San Francisco festgestellt werden und von der London Corn Trade Association ebenfalls gutzuheifsen sind.

Oregon-Weizen: Wie kalifornischer Weizen; nur stellt die Handelskammer in Portland die Muster fest, welche die London Corn Trade Association gutzuheifsen hat.

Argentinischer (La Plata-) Weizen: Ebenfalls wie australischer und kalifornischer Weizen. Die Qualitätsfeststellung findet jedoch nur in London statt, und zwar wieder durch die London Corn Trade Association.

Chili-Weizen: Ebenfalls wie australischer, kalifornischer und argentinischer Weizen. Die Qualitätsfeststellung findet jedoch nur durch die Liverpooler Corn Trade Association statt.

Schliefslich die United States. Diese verkaufen gute Durchschnittsqualität zur Zeit und am Orte der Verschiffung.

Die offiziellen United States-Börsen-Certifikate sind endgültig.

Rufsland und die Balkanstaaten haben noch das alte System, laut Muster zu verkaufen.

Wenn wir diese im Welthandel gebräuchlichen Systeme des Getreideverkaufs nach obigen Erläuterungen klassifizieren wollen, so können wir dieselben in praktischer Weise in drei Gruppen einteilen.

1. Das mustergültige und die anderen Gruppen

vollständig schlagende System der Vereinigten Staaten (mit Ausnahme von Kalifornien und Oregon).

2. Die Gruppe Ostindien, Australien, Kalifornien, Oregon, La Plata und Chili, und schließlich

3. Die Gruppe Rußland und Balkanstaaten.

Ich muß hier erwähnen, daß auch bei Gruppe 3 Reformen bevorstehen. Rumänien, der Staat, welcher in kultureller Hinsicht auf allen Gebieten bahnbrechend auf dem Balkan wirkt, wird auch auf dem Wege, Getreide zu klassifizieren, vor den anderen Staaten den Weg des Fortschrittes beschreiten. Es sind in Rumänien Schritte geplant, um, ähnlich den Einrichtungen in den Vereinigten Staaten, vorerst in der Moldau Lagerhäuser für Weizen zu errichten und Qualitäts-Certifikate auszustellen.

Das System der Vereinigten Staaten ist deshalb unvergleichlich besser wie das der Gruppe 2, weil die Nordamerikaner ohne weitere Intervention der englischen Börsen das Getreide in den Vereinigten Staaten selbst klassifizieren und certifizieren. Sobald das Getreide von einer amerikanischen Börse mit Certifikat versehen ist, kennt der Verkäufer seinen genauen Wert, und auch jeder Käufer in der Welt betrachtet und honoriert ein von einer amerikanischen Börse ausgestelltes Certifikat als ein vollgültiges Dokument. Dasselbe geht von einer Hand zur anderen und wird von Jedem als ein endgültiges Qualitäts-Attest betrachtet.

Dies ist der idealste Zustand des Verkehrs, der im Warenhandel gedacht werden kann, und den, wie oben nachgewiesen, n u r die Vereinigten Staaten sich zu eigen gemacht haben.

Diese Errungenschaft schließt einen großen Vorteil für den amerikanischen Landwirt in sich und verschafft dem amerikanischen Export eine aufserordentliche Überlegenheit über die ganze Weltkonkurrenz.

Wie ganz anders stellt sich die Qualitätsbezeichnung bei Gruppe 2 dar!

Hier fehlt in erster Linie jeder direkte Vorteil für den betreffenden inländischen Landwirt.

Elevatoren und ein System der Klassifikation, wie in den Vereinigten Staaten, sind hier nirgends vorhanden, und der Landwirt kann bei dem Verkaufe seiner Ware nicht wissen, welche Qualität er für den Weltmarkt liefert und was seine Ware, ihrer Qualität entsprechend, wert ist.

Auch der Exporteur in Ostindien, Australien, Kalifornien, Oregon, La Plata und Chili hat die Sicherheit nicht, wie das Getreide, welches er ohne Qualitätsattest einkauft, ausfallen wird, und es können für ihn viel leichter Schwierigkeiten und Verluste entstehen, wie für den Exporteur in den Vereinigten Staaten.

Für den europäischen Käufer ist es naturgemäfs auch viel angenehmer und sicherer, in den Vereinigten Staaten mit Certifikat zu kaufen, als in den anderen Ländern, bei welchen er immer mit einem viel unbekannteren Faktor in der Qualitätsbestimmung zu rechnen hat.

Was nun der Verkauf ›laut Probe‹ bei Gruppe 3 betrifft, so ist derselbe nicht mehr zeitgemäfs und bringt die betreffenden Länder in nationalökonomischen Nachteil, wie aus folgendem hervorgeht.

Der Getreideverkehr ist ein Massenverkehr. Das Geschäft mufs sich daher nach einem ein für allemal festgesetzten Modus abwickeln, wenn es sich rasch, glatt und sicher vollziehen soll.

Das ist aber nicht der Fall, wenn für jedes einzelne

Geschäft erst Muster fortgeschickt werden müssen, wie beim derzeitigen Export aus Rufsland und den Balkanstaaten.

Das Geschäft ist dabei auch nicht so risikolos, weil die Musterfeststellung eine individuelle ist und daher zu Differenzen und Verlusten führen kann.

Abgesehen davon können Länder aus der Gruppe 3 ihre Ernte auch nicht früher an den Weltmarkt bringen, bis die Ernten geborgen sind und die Exporteurs Muster fortschicken können.

Bei Gruppe 1 und 2, bei welchen die Qualitätsfeststellung keine individuelle ist, werden grofse Quantitäten der zu erwartenden Ernte oft schon mehrere Monate vorher verkauft, ehe dieselbe geborgen ist.

So wurde z. B. im Oktober 1898 neuer La Plata-Weizen in Mannheim gekauft, dessen Ernte im Dezember 1898 bevorstand und der im Januar 1899 verschifft werden sollte.

Auch bei Transaktionen in effektiv zu lieferndem Getreide für Spekulationszwecke zieht man Abschlüsse in certifizierter Ware vor, statt Getreide von Gruppe 3 zu kaufen, weil die certifizierte Ware dem Wesen einer Lieferungsware entspricht und vor dem Verschiffungstermin leicht von Hand zu Hand gehen kann, was bei dem Weiterverkauf, laut Probe, viel schwieriger ist.

3. Die öffentlichen Lagerhäuser.
(Silos und Elevatoren.)

Es ist im allgemeinen bei dem Kapitel ›Klassifizierung und Certifizierung‹ schon genügend auf die große Rolle hingewiesen, welche die zahlreichen Lagerhäuser in allen Teilen der Union hinsichtlich der Erfolge der Landwirte und des Exportes in den Vereinigten Staaten spielen.

Ohne diese Lagerhäuser und ohne diese Klassifizierung wäre der Export in der Weise, wie er jetzt stattfindet, gar nicht möglich.

Diese Lagerhäuser erfüllen ihre volkswirtschaftliche Aufgabe aber doppelt, weil die zu vergütenden Lagerspesen relativ mäßige sind.

So kosten z. B.:

In Milwaukee 1 bushel Weizen $1/2$ Cent für die ersten 10 Tage und $1/4$ Cent für je folgende 14 Tage.

In Chicago 1 bushel Weizen $3/4$ Cent für die ersten 10 Tage und $1/4$ Cent für je folgende 14 Tage.

In Minneapolis, gleicher Satz wie in Chicago und außerdem Reinigen von Getreide $1/2$ Cent per bushel Weizen.

In Duluth und Superior Einlagerspesen und 14 tägiges Lager $3/4$ Cent per bushel Weizen, folgende

30 Tage jeweils ⅛ Cent per bushel Weizen. Keine Kosten für Reinigen regulärer Ware.

In St. Louis die ersten 10 Tage 1 Cent per bushel Weizen, folgende 10 Tage jeweils ⅜ Cent per bushel Weizen.

In Toledo die ersten 10 Tage ½ Cent per bushel Weizen, folgende 10 Tage jeweils ¼ Cent per bushel Weizen.

In Detroit ebenso wie in Toledo.

In Buffalo die ersten 10 Tage ⅝ Cent per bushel Weizen, folgende 10 Tage jeweils ¼ Cent per bushel Weizen.

In New-York ebenso wie in Buffalo.

4. Eisenbahnen und Schiffahrt in den Vereinigten Staaten.

Wenn irgend ein volkswirtschaftlicher Faktor dazu beigetragen hat, die Vereinigten Staaten zur Macht und in Blüte zu bringen, so waren es unstreitig die Eisenbahnen.

Die Eisenbahnen schritten mit den Ansiedlern als Pionieren der Civilisation von Osten nach Westen, sowie überhaupt von Neu-England nach allen Teilen der Union vor.

Die Eisenbahnen waren es, die es dem Farmer ermöglichten, alle Teile des Kontinentes zu besiedeln. Erst durch die Eisenbahnen konnte der Farmer sein Getreide und seine landwirtschaftlichen Produkte verwerten. Die Eisenbahnen hatten daher eine volkswirtschaftliche Aufgabe ersten Ranges in den Vereinigten Staaten zu lösen.

Kein Land der Erde hat auch nur annähernd ein Eisenbahnnetz, wie es die Vereinigten Staaten besitzen. Dasselbe ist gröfser wie dasjenige sämtlicher europäischer Länder zusammengenommen, denn sämtliche europäischen Staaten zusammen besitzen nur ein Netz von 249899 Kilometern, während die

Vereinigten Staaten über 292431 Kilometer Eisenbahnen verfügen.

Auf den Quadratkilometer in Europa entfallen 2¹/₂ Kilometer Eisenbahnen und auf je 10000 Einwohner 6,6 Kilometer Eisenbahnen; in den Vereinigten Staaten dagegen 3,7 Kilometer auf den Quadratkilometer und 42,8 Kilometer auf je 10000 Einwohner.

Diese Zahlen sprechen für sich und zeigen uns die Überlegenheit der Vereinigten Staaten.

Das Faktum des ungeheuren Eisenbahnnetzes allein würde aber noch nicht genügen, um diese Superiorität hervorzurufen, wenn nicht noch ein anderer Faktor dazu kommen würde, welcher das ausschlaggebende Moment in sich birgt, nämlich die **unglaubliche Billigkeit der Frachtsätze** in den Vereinigten Staaten.

Es giebt kein Land der Erde, welches seine Produkte zu ähnlich billigen Frachtsätzen im Lande selbst transportiert und zum Exporte bringt, wie die Vereinigten Staaten.

Nachstehende Ziffern werden dies bestätigen.

Auf 13 der gröfsten amerikanischen Eisenbahnen war die **Durchschnittsfracht per Tonne und per Meile**:

   im Jahre 1865   3,08 Cents,
   -    -   1870   1,80   -
   -    -   1880   1,01   -
   -    -   1890   0,77   -
   -    -   1893   0,76   -

Im Jahre 1896 stellte sich der **Durchschnittsfrachtsatz per Tonne und Meile**:

in den Vereinigten Staaten auf 0,8 Cents,
- England . . . . - 2,8 -
- Frankreich . . . . . . - 2,2 -
- Deutschland . . . . . - 2,6 -
- Italien . . . . - 2,5 -
- Rufsland . . . . - 2,4 -

Wenn man die ungeheuren Entfernungen betrachtet, welche die Waren in den Vereinigten Staaten zu durchlaufen haben, sieht man sofort, dafs die ganze Exportfrage in erster Linie eine Tariffrage für die Vereinigten Staaten war. Die Tarife sind, wie wir gesehen haben, thatsächlich auch so niedere, dafs die Vereinigten Staaten trotz dieser ungeheuren Ausdehnung des Landes ihr Getreide im Durchschnitt doch wohl viel billiger zur Seeküste zum Exporte bringen, als ihre meisten, oder wohl sogar als alle ihre Konkurrenten.

Man mufs hier noch das ebenso ausgebildete Kanalsystem in Betracht ziehen, durch welches, Hand in Hand mit den Eisenbahnen, die Güter zu erstaunlich niederen Sätzen bis zur Seeküste gelangen.

Die grofse Leistungsfähigkeit der Nordamerikaner zeigt sich auch darin wieder, dafs dieselben ein Kanalsystem von ca. 4000 Kilometern Länge besitzen.

Der Erie-Kanal, welcher von Buffalo nach New-York führt, soll jetzt noch bedeutend vergröfsert werden, um den Transport nach New-York noch günstiger gestalten zu können.

Dafs sich der Export der Vereinigten Staaten thatsächlich zu aufserordentlich günstigen Frachtsätzen vollzieht, werden folgende Zahlen beweisen.

Es kostete im Jahre 1897 die Fracht von Chicago nach dem Ausfuhrhafen New-York durchschnittlich:

	Versandt via Seen und Kanal per bushel	Versandt via Seen und per Bahn per bushel	Versandt nur per Bahn per bushel
Mais	ca. 4¹/₂ Cents	ca. 7 Cents	ca. 11¹/₂ Cents.

Es entspricht dies ungefähr in Mark per 100 Kilo
 ca. Mk. —.80   ca. Mk. 1.25   ca. Mk. 2.—.

Weizen ca. 5¹/₄ Cents   ca. 7¹/₂ Cents   ca. 12¹/₂ Cents.

Es entspricht dies ungefähr in Mark per 100 Kilo
 ca. Mk. —.90   ca. Mk. 1.30   ca. Mk. 2.20.

Wenn man auf der Karte die Entfernung Chicago-New-York betrachtet, so wird man sich eine richtige Vorstellung von der aufserordentlichen Billigkeit dieser Frachtsätze machen.

Die Frachten von Milwaukee nach New-York stellten sich im Jahre 1897 durchschnittlich für Getreide auf 20 Cents per 100 engl. Pfd. = ca. Mk. 1.75 per 100 Kilo nur per Bahn, auf 18 Cents per 100 engl. Pfd. = ca. M. 1.55 per 100 Kilo per Bahn und Seen kombiniert.

Diese Frachten sind ebenfalls aufserordentlich niedere.

Von St. Louis nach New-York stellten sich die Frachten per Bahn im Jahre 1897: für Mais auf 17¹/₂ Cents per 100 engl. Pfd. = ca. Mk. 1.55 per 100 Kilo, für anderes Getreide auf 23—26 Cents per 100 engl. Pfd. = ca. Mk. 2.15 per 100 Kilo, resp. 24¹/₂ Cents.

Von St. Louis nach dem Ausfuhrhafen New-Orleans stellte sich die Fracht per Wasser (auf dem Mississippi) im Jahre 1897 durchschnittlich auf ca. 5 Cents per bushel.

Die Fracht per Bahn von St. Louis nach New-Orleans stellte sich dagegen für Getreide auf durchschnittlich 20 Cents per 100 engl. Pfd. = ca. Mk. 1.75 per 100 Kilo.

Man sieht aus obigen Ausführungen, in welch hohem Grade Eisenbahnen und Binnenschiffahrt ihre Aufgabe in den Vereinigten Staaten erfüllen und wie auch auf diesem Gebiete die Vereinigten Staaten den anderen am Weltmarkte konkurrierenden Staaten überlegen sind.

Ich will hier noch erwähnen, dafs die Amerikaner noch eine vorzügliche Einrichtung im Exportgeschäfte getroffen haben, die auch nur dem Ausfuhrhandel der Vereinigten Staaten eigentümlich ist.

Es sind dies die sogenannten Durchkonnossemente (Through bills of lading).

Diese Durchkonnossemente kombinieren die Binnenfracht in den Vereinigten Staaten mit der Ozeanfracht bis zum europäischen Exporthafen.

Ein Getreideexporteur in Chicago z. B. offeriert auf Chicagoer Durchkonnossement das Getreide frei Fracht und Assekuranz (cif) in den europäischen Hafen geliefert, z. B. cif Antwerpen.

Dieser Getreidehändler erhält 'ein Konnossement Chicago-Antwerpen von der Eisenbahn-Gesellschaft in Chicago ausgestellt und kann sich, genau so wie der New-Yorker Exporteur dies mit dem Ozeankonnossemente macht, die Ware vom Käufer gegen sein Chicagoer Durchkonnossement zahlen lassen.

Die Durchkonnossemente gewähren den grofsen Handelscentren im Innern Nordamerikas, z. B. Chicago, Milwaukee, St. Louis, Minneapolis etc., die Möglichkeit, sich ohne Mitwirkung von Exporteuren in den Hafenplätzen direkt am Weltgeschäfte zu beteiligen.

Wie erwähnt, ist eine derartige direkte Beteiligung des Binnenlandes am Exporte, wie dies in den

Vereinigten Staaten geschieht, in keinem Lande mehr zu beobachten, und auch dies wirkt natürlich zu Gunsten der Leistungsfähigkeit der Vereinigten Staaten.

Schliefslich mufs noch bemerkt werden, dafs auch hinsichtlich der Seefracht die Vereinigten Staaten besser gestellt sind wie alle anderen konkurrierenden Länder, und zwar aus folgenden Gründen.

Der Export von Getreide und landwirtschaftlichen Artikeln geschieht entweder in geschlossenen (ganzen) Schiffsladungen oder aber in Teilpartien (parcels).

Was nun die Frachtsätze für ganze Schiffsladungen betrifft, so sind dieselben von den Vereinigten Staaten nach Europa stets billiger, wie z. B. von Australien, Indien, Chili, Argentinien etc.

Es kommt aber noch ein anderer Umstand dazu, welcher zu Gunsten der Vereinigten Staaten in die Wagschale fällt.

Es ist dies die Thatsache, dafs zwischen den Vereinigten Staaten und den europäischen Häfen eine sehr grofse Anzahl Liniendampfer (also keine Frachtdampfer) laufen, welche häufig Getreide als Ballast zu ganz irregulären, sehr billigen Frachtsätzen mitnehmen.

Auch diesen Vorteil besitzen die andern Exportländer nicht.

5. Das Agricultural Department in Washington.

Haben wir aus den vorhergehenden Ausführungen ersehen, welch mächtige Verbündete die Landwirtschaft der Vereinigten Staaten in den musterhaften Einrichtungen der Börsen, der Wareninspektion, der Silos und des Transportwesens besitzt, so werden wir nunmehr einen weiteren sehr wichtigen Faktor im amerikanischen volkswirtschaftlichen Leben kennen lernen.

Es ist dies das ›Landwirtschaftliche Departement in Washington‹ (Agricultural Department), dessen segensreiche Wirksamkeit für Landwirtschaft, Industrie und Handel der Vereinigten Staaten nicht hoch genug angeschlagen werden kann.

Dieses landwirtschaftliche Departement wurde seiner Zeit vom Staate errichtet, um die Farmer zur möglichst rationellen Produktion landwirtschaftlicher Produkte heranzubilden, und es muſs hier gleich festgestellt werden, daſs das Departement nicht nur auf diesem Gebiete Glänzendes geleistet hat, sondern daſs es auch in alles umfassender Weise für die amerikanische Landwirtschaft sorgt.

Die Organisation dieses Departements ist folgende:

An der Spitze steht:
Der Sekretär (zur Zeit Herr James Wilson).
Dann folgt der stellvertretende Sekretär und ein Bureauchef.
Das Departement ist eingeteilt in 20 selbständige Sektionen, deren jede ihren Vorstand hat.

1. Das Wetterbureau,

dessen Hauptaufgabe es ist, Wetterprognosen im Interesse von Landwirtschaft, Handel und Schiffahrt zu veröffentlichen.

2. Das Bureau
zur Überwachung des Viehstandes und des Exportes von Vieh und Fleischwaren.

Dasselbe überwacht den Viehstand der Vereinigten Staaten in sanitärer Hinsicht und sucht Krankheiten zu verhindern oder zum Erlöschen zu bringen.

Dasselbe hat aufserdem die Aufgabe, die Viehzucht und die aus derselben hervorgehenden Industrien zu fördern.

Diesem Bureau untersteht auch die Inspektion für Import und Export von Vieh und Fleischwaren.

3. Das statistische Bureau.

Dieses Bureau sammelt Nachrichten hinsichtlich Beschaffenheit und Aussichten der wachsenden Ernte und kontrolliert aufserdem die Anzahl und den Zustand der Tiere auf den Farmen.

Die Organisation desselben, um zahlreiche Nachrichten aus allen Teilen des Landes zu bekommen, ist grofsartig.

Dasselbe hat aufserdem einen regelmäfsigen Nachrichtendienst durch den amerikanischen Generalkonsul in London organisiert, um Informationen über die europäischen Ernten zu erhalten.

Dieses Bureau stellt alle wissenswerten Statistiken zusammen und veröffentlicht dieselben.

Dasselbe giebt aufserdem einen monatlichen Bericht über die Ernteaussichten, sowie gelegentlich andere Informationen im Interesse von Produzenten und Konsumenten heraus.

4. Das Exportbureau.

Dieses Bureau untersucht die Chancen des Exportes landwirtschaftlicher Produkte und veröffentlicht die Resultate dieser Studien.

5. Central-Bureau der Versuchsstationen.

Dasselbe ist der Sammelpunkt für die zahlreichen landwirtschaftlichen Versuchsstationen, welche allenthalben in den Vereinigten Staaten bestehen. Es sucht landwirtschaftliche Kenntnisse zu verbreiten und befördert allenthalben Forschungen auf landwirtschaftlichem Gebiete.

6. Das Bureau für Chemie

stellt Forschungen an über die besten Analysenmethoden für die Untersuchung des Bodens, von Düngemitteln und landwirtschaftlichen Produkten.

7. Das Bureau für Insektenschutz.

Dieses Bureau befafst sich mit Untersuchungen hinsichtlich der Schädlichkeit von Insekten für die Pflanzenvegetation.

8. Das Bureau für biologische Überwachung

studiert die Verteilung von Pflanzen und Tieren in geographischer Hinsicht; es untersucht die Nützlichkeit und Schädlichkeit von Vögeln und Tieren aller Art, um entweder ihre Erhaltung oder ihre Ausrottung anzuempfehlen.

9. **Das Bureau für Waldangelegenheiten**
stellt Versuche und Forschungen an, welche sich auf die Waldkultur beziehen und veröffentlicht die Ergebnisse derselben.

10. **Das Bureau für Botanik.**

Dieses Bureau erforscht botanisch-landwirtschaftliche Fragen und untersucht Reinheit und Wert von Samen zu Saatzwecken. Dasselbe veröffentlicht Methoden zur Verhinderung der Verbreitung von Unkraut, warnt vor giftigen Pflanzen, giebt Gegengifte an etc.

11. **Das Bureau für pflanzliche Physiologie und Pathologie.**

Dasselbe studiert den normalen und abnormalen Lebensprozefs der Pflanzen. Es sucht durch Forschungen im Feld und im Laboratorium die Ursachen der Krankheiten sowie die besten Mittel zur Abwehr derselben zu finden.

12. **Bureau für Gräser und Futterpflanzen.**

Dieses Bureau ist beauftragt, die Naturgeschichte der Pflanzen, deren geographische Verteilung und die Nützlichkeit von Gräsern und Futterpflanzen zu studieren, sowie auch deren Anpassungsfähigkeit an gewisse Bodenarten und Zonen zu erforschen. Aufserdem empfiehlt dasselbe den Landwirten die Anpflanzung nützlicher, heimischer und ausländischer Gräser und Pflanzen.

13. Das Bureau für Obstkunde.

Dasselbe sammelt und verteilt Nachrichten hinsichtlich des Obstbaues in den Vereinigten Staaten. Es erforscht die Eigentümlichkeiten der Obstarten, ihre Anpassungsfähigkeit an verschiedene Bodenarten und den klimatischen Einfluſs auf das Wachstum. Dasselbe veranlaſst die Einführung neuer, unbekannter ausländischer Obstsorten, welche gutes Gedeihen in den Vereinigten Staaten erwarten lassen.

14. Das Bureau für landwirtschaftliche Bodenuntersuchung

untersucht die Zusammensetzung sowie die physikalischen Eigenschaften des Bodens und deren Einfluſs auf die Ernte.

15. Das Bureau für Pflanzen der Textilindustrie

sammelt und verbreitet Nachrichten, welche sich auf den Anbau von Pflanzen für die Textilindustrie beziehen. Es macht Versuche mit dem Anbau neuer, noch unbekannter Pflanzen und stellt auſserdem Untersuchungen mit solchen unbekannten Pflanzen an, um dieselben, wenn möglich, für die Industrie nutzbar zu machen. Dasselbe untersucht auch Maschinen für die Textilindustrie.

16. Das Bureau für Chausseen.

Dieses Bureau sammelt und verbreitet Nachrichten hinsichtlich der besten Systeme für Chausseebauten etc.

17. Das Bureau für Veröffentlichungen.

18. Das Bureau für Gärten und Rasen.

19. Das Bureau für Kassenwesen.

Die Bureaus 17, 18 und 19 haben mehr internes Interesse und beziehen sich auf die Verwaltung der einzelnen Ressorts und den Vertrieb der Publikationen.

20. Bureau für Samen zu Saatzwecken.

Dasselbe kauft im Auslande wertvolle Samen von Bäumen, Sträuchern, Weinreben und verschiedenen anderen Pflanzen und verteilt dieselben im Inlande.

Vorstehendes ist eine allgemeine, in grofsen Umrissen gehaltene Beschreibung der Wirkungskreise der einzelnen Bureaus, da es unmöglich ist, im Rahmen dieser Arbeit eine eingehendere Schilderung zu geben.

Nur das möge noch erwähnt sein, dafs das Operationsfeld jeder Sektion ein auf dem entsprechenden Gebiete allumfassendes ist, und dafs nichts versäumt wird, um die gestellten Aufgaben zu lösen.

Wenn man die Vielseitigkeit betrachtet, mit welcher das Agrikultural-Departement in alle Phasen der landwirtschaftlichen Thätigkeit eingreift, wenn man beobachtet, wie dasselbe nicht nur den Anbau von Getreide, von Obst, von Handelspflanzen fördert, sondern sich ebenso mit der Hebung der Viehzucht, mit dem Aufsuchen fremder Märkte und mit der Verbreitung landwirtschaftlicher Kenntnisse befafst, so mufs man mit Bewunderung zugeben, dafs wir es hier mit einer Einrichtung zu thun haben, welche als Vorbild für alle Staaten dienen kann.

Bei einer Unterstützung der Landwirtschaft, wie sie derselben von allen Seiten in den Vereinigten Staaten zu teil wird, können uns die grofsen Erfolge derselben auch nicht in Verwunderung setzen.

Nachstehend folgt ein Urteil des Landwirtschaftlichen Departements in Washington über die Leistungsfähigkeit der Landwirtschaft in den Vereinigten Staaten:

›Die auf dem Gebiete der Milchwirtschaft gewonnenen Kenntnisse verbreiten sich von unseren landwirtschaftlichen Schulen aus und rufen ein starkes Anwachsen und Verbesserungen in der Produktion hervor.

Das landwirtschaftliche Departement sucht für diese Produkte fremde Märkte, damit die Ausländer die Überlegenheit unserer Erzeugnisse kennen lernen.

Wir produzieren Fleisch von besserer Qualität und billiger, wie irgend eine andere Nation solches an den Weltmarkt bringen kann, und zwar infolge der Billigkeit unseres Getreides und Grases.

Die staatlichen Versuchsstationen geben den Viehzüchtern Auskunft hinsichtlich der besten Ernährungsmethoden, wodurch billigere Mästung möglich wird.

Das Agrikultural-Departement inspiziert lebende Tiere, sowie Fleischpräparate für den Export und certifiziert, daß sie gesund sind. Es überwacht deren Zustand durch Agenten in den fremden Märkten und ist der Anwalt der Exporteure, falls ein Unterschied zwischen Vieh und Fleischwaren aus Amerika im Vergleich mit diesen Artikeln aus anderen Ländern gemacht wird.

Das Departement wird sich bemühen, die Produzenten auf Märkte für ihre überschießende Produktion hinzuweisen, indem es diesbezügliche Informationen einholen und dieselben veröffentlichen wird.‹

Dieses Urteil über die Leistungsfähigkeit der Vereinigten Staaten, welches von dem Agrikultural-Departement selbst ausgeht, zeigt doch schon allein, wie sehr die amerikanische Landwirtschaft derjenigen aller anderen Staaten überlegen ist.

Wir haben in obigem offiziellen Schriftstück aber auch einen Beweis dafür, in welcher Weise das Agrikultural-Departement für die amerikanischen Landwirte sorgt.

Für die Sorgfalt, mit welcher die Interessen der Landwirtschaft wahrgenommen werden, und für die Art, wie der Export gepflegt wird, ist folgender Vorfall sehr charakteristisch.

Im Frühjahr 1897 stellte es sich heraus, daſs die Butterproduktion in den Vereinigten Staaten den Konsum bedeutend überstieg, und es war eine starke Baisse zu befürchten.

Thatsächlich wurde bis zum Monate Juli beste Butter zu noch nie dagewesenen niederen Preisen offeriert, und zwar in kolossalen Quantitäten. Dieser Zustand dauerte mehrere Wochen.

Nunmehr sprang das Agrikultural-Departement ein und entschloſs sich, versuchsweise zu exportieren, um fremde Märkte für die überschüssige Butter zu finden.

Die Butter wurde an einen Vertreter des Agrikultural-Departements in London konsigniert, und zwar in Zwischenräumen von 3–4 Wochen.

Es wurden Einrichtungen auf den amerikanischen Bahnen, in den amerikanischen Ausfuhrhäfen, sowie auch besonders auf den Ozeandampfern durch Herstellung kalter Räume getroffen, ebenso in den englischen Importhäfen, um die amerikanische Butter in gutem Zustande auf die englischen Märkte gelangen zu lassen.

Trotzdem in den englischen Händlerkreisen ein starkes Vorurteil gegen die amerikanische Butter geherrscht hatte, wurden infolge der energischen Anstrengungen des Agrikultural-Departements die englischen Importeurs durch die Thatsachen davon überzeugt, daſs die amerikanische Butter von sehr guter Qualität ist und durch die getroffenen Transportmaſsregeln frisch und in unbeschädigter Beschaffenheit nach England gebracht werden kann.

Auch in anderer Weise hat das Agrikultural-Departement viel geleistet.

Dasselbe sendet Agenten in das Ausland, um passende Samen und Pflanzen auszusuchen und dieselben nach den Vereinigten Staaten zu verpflanzen. Durch diese Verpflanzungen haben die Vereinigten Staaten auſserordentlich viel gewonnen.

Worauf man aber besonders hinweisen muſs, ist auf das energische Bestreben des Agrikultural-Departements, den Farmer gründlich für seinen Beruf zu erziehen und auszubilden.

Die Amerikaner gehen von dem richtigen Prinzipe aus, daſs ein guter Landwirt sein Fach richtig erlernen und verstehen muſs.

Es hat auch noch kein Staat solche Summen für landwirtschaftliche Schulen, für Versuchsstationen und für Verbreitung landwirtschaftlicher Kenntnisse ausgegeben, wie die Vereinigten Staaten.

Landwirtschaftliche und andere ähnliche Schulen, in welchen regelmäſsig landwirtschaftlicher Unterricht erteilt wird, giebt es in den Vereinigten Staaten eine sehr groſse Zahl.

Auſserdem sucht man allenthalben die Farmer durch Vorlesungen über landwirtschaftliche Gegenstände zu belehren.

Was jedoch noch viel wichtiger ist, man steht auf dem Standpunkte, daſs man den landwirtschaftlichen Unterricht zu einem wesentlichen Teile des Volksunterrichtes in den Schulen auf dem Lande machen müsse und daher auch derart theoretisch und praktisch vorgebildete Lehrer in denselben anzustellen habe.

Auf dem Gebiete der Klassifizierung landwirtschaftlicher Produkte steht das Agrikultural-Departement auf dem Standpunkte, dafs dieselbe eine unerläfsliche Mafsregel sei, um das gute Renommee der Waren eines Exportlandes aufrecht zu erhalten. Wenn die Ware nicht inspiziert und certifiziert wird, so liegt nach der Ansicht des Agrikultural-Departements die Gefahr vor, dafs wenige gewissenlose Ablader, die schlechte Ware verschiffen, damit die Ausfuhr aller anderen Exporteure schädigen können.

Aus diesem Grunde wird auch die Frage ventiliert, ob man nicht, wie bei Fleischwaren, auch die Produkte der Milchwirtschaft (Butter, Käse und kondensierte Milch) inspizieren und certifizieren soll.

In welch liberaler Weise die Veröffentlichungen für die Farmer seitens des Agrikultural-Departements erfolgen, davon dürften nachstehende Zahlen einen kleinen Beweis geben.

Im Fiskaljahre 1897 veröffentlichte das Agrikultural-Departement 424 Schriftstücke in über $6^{1}/_{2}$ Millionen Abzügen und trotzdem konnte das Departement niemals die Nachfrage nach diesen Schriftstücken befriedigen.

Das statistische Bureau, dessen Hauptaufgabe es ist, monatliche Berichte über Beschaffenheit der Ernten und über den Viehstand herauszugeben, steht mit ungefähr 57000 regelmäfsigen Korrespondenten in monatlicher Korrespondenz und hat aufserdem noch 140000 Specialkorrespondenten.

Es ist ganz unmöglich, auch nur einen Begriff

der Leistungen des Agrikultural-Departements in dieser Studie geben zu wollen.

Aus dem Angeführten geht aber schon zur Genüge hervor, dafs die Vereinigten Staaten in dem Agrikultural-Departement eine Einrichtung besitzen, wie kein anderer Staat, und dafs durch diesen wichtigen Faktor die Landwirtschaft der Vereinigten Staaten sehr im Vorteil gegenüber derjenigen in allen anderen Ländern ist.

DRITTER TEIL.

1. Der deutsche Zuckerexport nach den Vereinigten Staaten.

Haben wir im ersten Teile dieser Studie gesehen, in welch mannigfaltiger Weise die Vereinigten Staaten uns mit Produkten ihrer Landwirtschaft versorgen, so werden wir jetzt ein für uns Deutsche erfreulicheres Thema zu behandeln haben, nämlich unseren Zuckerexport nach den Vereinigten Staaten.

Derselbe belief sich in den Fiskaljahren:

1893 auf	326 827 509	engl. Pfd. im Betrage von Doll.	9 526 959,
1894 -	358 649 535	-	11 198 222,
1895 -	311 182 968	-	6 332 916,
1896 -	525 991 657	-	12 528 755,
1897 -	1 604 233 071	-	29 844 019.

Wie aus vorstehenden Zahlen ersichtlich, hat unser Zuckerexport im Jahre 1897 den ansehnlichen Betrag von nahezu 30 Millionen Dollar erreicht.

Es wäre sehr erfreulich, wenn wir es hier mit einer Entwickelung unseres Zuckerexportes zu thun hätten, welche auf gesunder, regulärer Basis beruhen würde.

Dem ist jedoch nicht so.

In Erwartung des erhöhten Zolltarifs (Dingley-Tarif) hatten die amerikanischen Importeurs in der ersten Hälfte des Jahres 1897 aufsergewöhnlich grofse Quantitäten Zucker importiert, um den billigeren alten Zollsatz für möglichst lange Zeit zu geniefsen.

Aufserdem aber fehlten durch die Wirren auf Kuba die sonst regelmäfsig eintreffenden grofsen Zufuhren aus diesem Lande, was zur Folge hatte, dafs in Europa resp. in Deutschland aufsergewöhnlich grofse Deckungen vorgenommen wurden.

Wir haben es also bei diesem grofsen Exporte mit aufsergewöhnlichen Vorkommnissen zu thun, die uns nicht dazu berechtigen, auf einen dauernden Export in gleicher oder ähnlicher Höhe zu rechnen.

Im Gegenteil müssen wir uns darauf gefafst machen, dafs die Amerikaner, sobald es die Umstände gestatten, sowohl in Kuba als auch auf den Philippinen den Zuckeranbau mit allen nur möglichen Mitteln in die Höhe bringen werden, um den Bedarf der Vereinigten Staaten so weit wie nur möglich aus diesen Kolonien zu decken.

Wie lange Zeit die Amerikaner brauchen werden, um die Plantagen in Kuba wieder leistungsfähig zu machen — darüber läfst sich streiten und verschiedener Ansicht sein. —

Jedenfalls aber dürfte es für unsere Landwirtschaft wichtig sein, wenn kompetente Persönlichkeiten diese Frage eingehend studieren würden, nötigenfalls an Ort und Stelle, da es zu wissen notwendig ist, wann aller Voraussicht nach dieser Zeitpunkt eintreten wird.

Worüber man aber meiner Ansicht nach **nicht** verschiedener Ansicht sein kann, das ist, dafs die Vereinigten Staaten das Bestreben haben, so rasch wie nur möglich genügend Zucker in ihren Kolonien, **sowie ganz besonders auch in den Vereinigten Staaten selbst** zu pflanzen, um sich vom Importe aus dem Ausland vollständig frei zu machen.

Ich citiere nachstehend eine offizielle Auslassung des Agrikultural-Departements in Washington, welche klar zeigt, wohin die Tendenzen in den Vereinigten Staaten gehen.

Experimente mit Zuckerrüben.

»Die Regierung giebt in freigebiger Weise Geld aus, um Samen und Pflanzen zu verteilen.

Die Politik des Agrikultural-Departements wird zukünftig die sein, die Einführung von allem zu ermutigen, was unser Volk in den Stand setzen wird, Abwechselung zu bringen und das Geld im Lande zu behalten, das jetzt ins Ausland geschickt wird, um das zu kaufen, was die Vereinigten Staaten selbst produzieren sollten.

Sieben Tonnen (1400 Centner) importierten Zuckerrübensamens wurden letztes Frühjahr unter 22000 Farmer in 27 Staaten verteilt, und zwar durch die Versuchsstationen in diesen Staaten, um herauszufinden, wo die süfsesten Zuckerrüben produziert werden können.

Die Proben werden soeben in den Versuchsstationen analysiert und, wo diese nicht darauf eingerichtet sind, werden die Proben in das Laboratorium des Departements nach Washington gesandt.

Es ist genügend Ermutigung vorhanden, um uns zu dem Schlusse zu führen, dafs unser Land innerhalb einiger Jahre so viel Zucker produzieren wird, wie es benötigt.

Das Departement wird alle Thatsachen sammeln, welche die Arbeit dieser Campagne betreffen, und dieselben zur Veröffentlichung bringen.

Das Pionierwerk wird während des nächsten Jahres energisch weiter poussiert werden.«

Aufserdem aber spricht sich das Agrikultural-Departement noch folgendermafsen aus:

»Gelegenheit zur Errichtung neuer Industrien.

Die Vereinigten Staaten zahlten im letzten Fiskaljahre 382 Millionen Dollar für Zucker, Häute, Wein, Tiere, Früchte, Reis, Flachs, Hanf, Käse, Weizen, Gerste, Bohnen, Eier, Thee u. s. w., ferner 6 Millionen Dollar für Cichorie, Ricinus, Lavendel, Lakritz, Opium aus Mohn, Sumac u. s. w., und 2 Millionen Dollar für Zwiebeln, und fast alle diese Gegenstände könnten im Lande selbst gepflanzt und präpariert werden. Das Agrikultural-Departement wird den Anbau dieser Artikel ermutigen durch Einführung von Samen und indem es den Farmern Instruktionen hinsichtlich des Anbaues erteilt.

Der amerikanische Farmer kann Pferde so billig züchten, wie er Vieh aufziehen kann. Wir haben einen grofsen und einträglichen Export von Vieh und könnten eine ebenso grofse und profitable Ausfuhr in Pferden haben.

Das Departement sammelt Thatsachen hinsichtlich unserer Pferdezucht und auch Informationen darüber, was die ausländischen Käufer verlangen, damit unsere Farmer orientiert werden.«

Es dürfte von Wichtigkeit sein, diese Bestrebungen nicht zu vergessen und dieselben mit wachsamem Auge zu verfolgen, damit unsere Zuckerindustrie sowie unsere Landwirte nicht zu optimistisch hinsichtlich der Zeitdauer unseres grofsen Zuckerexportes nach den Vereinigten Staaten sind und sich bei Zeiten nach einem Ersatz für diesen Ausfall, wenn er kommt, umgesehen haben werden.

Ob die Aussichten des Agrikultural-Departements

hinsichtlich einer baldigen grofsen Produktion nicht zu glänzend ausgemalt sind, und ob nicht eine Reihe von Jahren dazu gehört, bis die Vereinigten Staaten selbst grofse Quantitäten Zuckerrüben pflanzen werden, ist allerdings eine Frage.

Ein diesbezüglicher Bericht der New-Yorker Handelskammer, welchen ich der Wichtigkeit halber ebenfalls anführe, lautet viel gedämpfter, nämlich wie folgt:

»Die Fabrikation von inländischem Rübenzucker hat während des verflossenen Jahres mehr Aufmerksamkeit auf sich gezogen, wie jemals zuvor.

Der Erfolg, mit welchem sich diese noch in den Kinderschuhen befindliche Industrie entwickelt, hat die Aufmerksamkeit von Farmern und Kapitalisten erweckt, und eine grofse Anzahl neuer Unternehmungen sind in verschiedenen Teilen des Landes projektiert.

Verschiedene Staaten bieten kleine Prämien für die Rübenkultur, und wo immer der Boden zum Anbau von Zuckerrüben geeignet gefunden wurde, zögerten Kapitalisten nicht, Fabriken zur Erzeugung von Zucker zu gründen.

Obgleich wir in dieser Hinsicht in den letzten Jahren einen schönen Schritt vorwärts gemacht haben, ist die Entwickelung einer derartigen Industrie notwendigerweise eine langsame, und selbst bei der weitgehendsten Ermutigung wird es lange Zeit währen, bis die inländische Produktion der Vereinigten Staaten ein wichtiger Faktor der Weltproduktion werden wird.

Einige Optimisten malen den ökonomischen Vorteil, welchen unser Land davon tragen würde, wenn es seinen Bedarf selbst decken könnte, in glühenden Farben.

Die Entwickelung und Ausbreitung einer Industrie, welche zur Zeit jährlich 40 000 Tonnen produziert, bis zu einer Produktion von nahezu 2 000 000 Tonnen, welche wir jährlich gebrauchen, ist eher ein Werk für Generationen, als für eine Dekade.«

Diese Auslassung der New-Yorker Handelskammer deckt sich nicht mit den Ansichten und Bestrebungen des Agrikultural-Departements, wie wir sie aus den oben citierten Ausführungen kennen gelernt haben.

Ich füge der Vollständigkeit halber noch eine weitere Auslassung der New-Yorker Handelskammer, den gleichen Gegenstand betreffend, bei.

»Die Produktion unserer Zuckerfabriken im Jahre 1897 war nicht wesentlich gröfser als die im vorhergehenden Jahre (1896 ca. 39 000 Tonnen, 1897 ca. 41 000 Tonnen).

Die Anzahl der Fabriken, welche jetzt im Bau begriffen sind und die neuen Gesellschaften, welche sich in der Konstituierung befinden, zeigen jedoch, dafs diese Industrie vermehrte Aufmerksamkeit gewinnt, und rapide Schritte dürften in Zukunft hinsichtlich ihrer Entwickelung gemacht werden.

Experimente, welche in verschiedenen Staaten ausgeführt werden, zeigen, dafs eine viel gröfsere Bodenfläche, als man zuerst vermutete, zur Rübenkultur geeignet ist, und wo immer Farmer veranlafst werden können, den Anbau dieses neuen Artikels in genügenden Quantitäten vorzunehmen, um eine Fabrik zu gründen, ist keine Schwierigkeit vorhanden, das nötige Kapital dafür aufzubringen.

Im Staate New-York, in Rome, woselbst sich eine kleine Fabrik befindet, wurde eine erfolgreiche Campagne beendet.

In Binghamton geht eine Fabrik mit 20000 Tons Leistungsfähigkeit ihrer Vollendung entgegen und wird für die 1898er Campagne fertig sein.

In Buffalo hat man soeben eine Gesellschaft gegründet und es werden Arrangements getroffen, um daselbst eine Fabrik zu errichten. Aufserdem wurden in zehn anderen Distrikten in diesem Staate erfolgreiche Versuche mit dem Rübenanbau gemacht, während die Staats-Legislatur 50000 Dollar für Zahlung von Prämien für das Jahr 1898 bestimmte.

Zuckerrübenanbau wurde auch in folgenden Staaten unternommen: New-Jersey, Wisconsin, Michigan, Minnesota und Oregon. (Bis 1897 waren nur in folgenden Staaten kleine Quantitäten angebaut: Kalifornien ca. 31000 Tons, Nebraska ca. 6500 Tons, Utah ca. 1600 Tons, Neu-Mexiko ca. 500 Tons und New-York ca. 400 Tons.)

Ein Bericht des »National-Bureau of Agriculture« erklärt, dafs das Territorium zwischen den Isothermen des 71. und 69. Grades als die Basis für die Zuckerrübenindustrie betrachtet werden könne.

Die besten Resultate wurden innerhalb oder nördlich von diesem Terrain erzielt, da daselbst die anderen in Betracht kommenden klimatischen Verhältnisse günstig sind.

Die äufserste nördliche Grenze des für den Anbau geeigneten Terrains wird nur durch den Hinzutritt von Frostverhältnissen bestimmt.

Die Ausbeute des fabrizierten Zuckers war 232 Pfund per Tonne von 2000 Pfund oder 11,6 % des Gewichtes der Rüben.«

Wir sehen also, dafs die Vereinigten Staaten nicht nur alles aufbieten werden, um unseren deutschen Rübenzucker durch Kolonialzucker (von Kuba,

Portorico, Hawai, Philippinen) zu verdrängen, sondern auch, dafs gleichzeitig die gröfsten Anstrengungen gemacht werden, um im Lande selbst genügend Rübenzucker für den inländischen Konsum zu pflanzen.

Bei der Energie und der Tüchtigkeit der Amerikaner möge man besonders auch letztere Gefahr für die deutsche Rübenkultur nicht unterschätzen und diesen vielleicht rasch kommenden Ausfall vor Augen behalten.

2. Der Import von Rohphosphaten aus den Vereinigten Staaten für die deutsche Landwirtschaft.

Wie die Natur die Vereinigten Staaten in so vielfacher Weise bevorzugt hat, so gab sie denselben auch ein reiches Geschenk durch die gröfsten Phosphatlager, welche man zur Zeit auf der Erde kennt.

In den Staaten Süd-Karolina, Florida und Tennessee befinden sich diese wertvollen Naturschätze, die natürlich den Vereinigten Staaten ein Übergewicht für ihre Landwirtschaft gegenüber allen anderen Staaten verleihen.

Es ist eine bekannte Thatsache, dafs die rationell betriebene Landwirtschaft verlangt, dafs dem Boden in erster Linie die notwendige Phosphorsäure und der Stickstoff, welche die Ernten dem Boden entziehen, wieder zugeführt werden.

Es ergiebt sich hieraus, dafs die Landwirtschaft eines Landes ihren Konkurrenten gegenüber günstiger situiert ist, wenn sie Phosphorsäure und Stickstoff dem Boden billiger zuführen kann.

Die Landwirtschaft in Deutschland ist nun darauf angewiesen, ihren Bedarf an Phosphorsäure zum grofsen Teile in den Vereinigten Staaten zu decken, und zwar durch den Bezug amerikanischer Rohphosphate seitens der deutschen Düngerfabriken.

Die Düngerfabriken schliefsen die Rohphosphate unter Zuhilfenahme von Schwefelsäure auf und verwandeln dasselbe in Superphosphat, welches die Landwirtschaft als phosphorsäurehaltiges Düngemittel benützt.

Es ist natürlich, dafs die Farmer in den Vereinigten Staaten das Superphosphat billiger kaufen als die deutschen Landwirte, da das Rohphosphat sich im Lande selbst befindet.

Um einen Überblick über die Weltproduktion von Rohphosphaten zu bekommen und um zu sehen, wie der Konsum sich stellt, diene folgende Aufstellung:

Man schätzt die Ausbeute von Rohphosphaten per 1899

In Frankreich . . . auf	250 000	Tonnen,
- Algier . . . . . -	300 000	-
- Tunis . . . . . . -	120 000	-
In Frankreich u. dessen Kolonien zusammen .	670 000	Tonnen,
In den Verein. Staaten .	1 500 000	-
- Belgien	100 000	-
- anderen Ländern . .	100 000	
Produktion der Welt per 1899	2 370 000	Tonnen.

Man sieht also, dafs die Vereinigten Staaten ca. ²/₃ der Weltproduktion an Phosphaten hervorbringen.

Das letzte Drittel entfällt nahezu ausschliefslich auf Frankreich und seine Kolonien.

Der Konsum der einzelnen Länder an Superphosphat per 1899 wird, wie folgt, taxiert:

Frankreich	900 000	Tonnen,
Deutschland	800 000	-
England	750 000	-
Belgien	350 000	-
Holland	250 000	-
Österreich	120 000	-
Italien	200 000	-
andere europ. Länder	130 000	-
Japan	40 000	-
die Vereinigten Staaten	1 200 000	-
zusammen ca.	4 740 000	Tonnen.

100 Kilogramm Rohphosphat ergeben ca. 190 Kilo Superphosphat.

Es ist zu konstatieren, daſs die Fabrikation von Superphosphat in den Vereinigten Staaten auſserordentlich rasch wächst und daſs in diesem Lande auſser Superphosphat auch noch groſse Quantitäten von unaufgeschlossenen pulverisierten Rohphosphaten und gemahlene Baumwollsaatkuchen als Dünger gebraucht werden.

Es dürfte interessant sein zu beobachten, **welche Staaten der Union zur Zeit hauptsächlich künstlichen Dünger verwenden.**

Man taxiert den jährlichen Konsum von künstlichem Dünger in den einzelnen Staaten zur Zeit, wie folgt:

Georgien	335 000	Tonnen,
Süd-Karolina	200 000	-
Nord-Karolina	185 000	-
Virginia	170 000	-
New-York	150 000	-
Pennsylvanien	150 000	-
Alabama	100 000	-

Indiana . . .	50 000	Tonnen,
Ohio	50 000	-
Ost-Virginien .	40 000	-
Mississippi . .	30 000	-
Florida . . .	25 000	-
Connecticut . .	20 000	-
Kentucky . .	20 000	-
Tennessee . .	20 000	-
Vermont . . .	15 000	-
Louisiana . .	10 000	-
Utah	5 000	-
Missouri . . .	2 000	-

Was nun den Import amerikanischer Rohphosphate in Deutschland betrifft, so wurden davon im Jahre 1898 eingeführt:

via Bremen	28 036	Tonnen,
- Danzig	2 569	-
- Hamburg	75 000	-
- Memel	9 281	-
- Stettin	71 047	-
- Rotterdam	61 047	-
zusammen	246 980	Tonnen.

Der Import für Südwest-Deutschland geht fast ausschliefslich via Rotterdam; in obiger Ziffer von 61 047 Tonnen ist auch der Import Hollands enthalten.

Die deutsche Reichsstatistik giebt den deutschen Import von Rohphosphaten, wie folgt, an:

aus Belgien	241 583	Mtr.-Ctn.,
- Frankreich . . .	30 751	-
- England	16 366	-
- Algier	176 629	-
- Niederl. Amerika .	30 654	-
- den Ver. Staaten .	2 189 801	-
zusammen	2 685 784	Mtr.-Ctn.

Wir sehen hieraus, dafs ca. ⁴/₅ unseres Importes aus den Vereinigten Staaten stammen.

Es ist nun eine Thatsache, dafs die Landwirtschaft in Deutschland, wie diejenige in den anderen Ländern, dem Boden noch lange nicht genügend Phosphorsäure zuführt.

Man taxiert, dafs der Konsum Deutschlands an Phosphorsäure heute erst ca. ¹/₄ von dem ist, was er sein sollte.

Hieraus geht nun aber hervor, dafs bei rationellem Betriebe unserer Landwirtschaft der Import von Rohphosphaten aus den Vereinigten Staaten unausgesetzt wachsen mufs, wenn nicht in anderen Ländern neue Lager gefunden werden.

Dabei ist noch zu bemerken, dafs ausschliefslich die Vereinigten Staaten hochprozentige Phosphate (75—80 % dreibasisch-phosphorsauren Kalk enthaltend) fördern, Phosphate, wie solche die deutsche chemische Industrie in der Hauptsache gebraucht.

Alle anderen Exportländer haben niederprozentige Ware (Algier und Tunis 55—60 % und 60—65 % dreibasisch-phosphorsauren Kalk).

Es ist als ein grofses Glück für Deutschland zu betrachten, dafs wir in Deutschland durch unsere Stahlindustrie die phosphorsäurehaltigen Thomasschlacken, resp. das Thomasmehl für die Landwirtschaft gewinnen und hierdurch nicht ganz auf das Ausland angewiesen sind.

Man taxiert die derzeitige jährliche Produktion der Welt an Thomasmehl auf ca. 1 400 000 Tonnen.

Hiervon dürfte Deutschland wohl ca. 800 000 Tonnen produzieren, welche die deutsche Landwirtschaft zuzüglich eines ungefähren jährlichen Importes von 100000 Tonnen, zusammen also ca. 900000 Tonnen Thomasmehl jährlich konsumiert.

Was nun die Frage betrifft, wie es sich mit dem zweiten Hauptfaktor »Stickstoff« vergleichweise in beiden Ländern verhält, so liegen die Verhältnisse so, daſs die Landwirtschaft in den Vereinigten Staaten viel geringere Quantitäten stickstoffhaltiger Materien zu importieren hat als die deutsche.

Die beiden Artikel, in welchen dem Boden in Deutschland in der Hauptsache Stickstoff zugeführt wird, sind Chilisalpeter und schwefelsaures Ammoniak.

Chilisalpeter wird bekanntlich von Chili importiert und zeigt die Statistik per 1898, daſs

nach Europa . . . . 1040000 Tonnen,
nach den Vereinigten Staaten . 140000 -
verschifft wurden.

1895 importierten die Ver. Staaten 110000 Tonnen,
1896   -   -   -   -   105000   -
1897   -   -   -   -   110000   -

Deutschland importierte dagegen im Jahre 1898 ca. 425000 Tonnen Chilisalpeter, also ungefähr das **Vierfache** wie die Vereinigten Staaten.

Ebenso verhält es sich mit dem Importe von **schwefelsaurem Ammoniak**.

Deutschland importierte hiervon:
aus Belgien . . . . . 18135 Metercentner,
 - Frankreich . . .   2378   -
 - England 199869   -
 - Holland   8458   -
 - Österreich-Ungarn 69253   -

          zusammen . . . 298093 Metercentner

oder circa 30000 **Tonnen**.

Die deutsche Produktion, welche ebenfalls von der deutschen Landwirtschaft konsumiert wird, taxiert man auf ca. 100000 Tonnen jährlich.

Der amerikanische Import von schwefelsaurem Ammoniak stammt in der Hauptsache nur aus England und wird auf 4600 Tonnen im Jahre 1898 angegeben (8800 Tonnen 1897, 9800 Tonnen 1896).

Wir sehen also auch hier wieder, in welch geringem Prozentsatz Amerika gegenüber Deutschland importiert.

Es ist mir nicht bekannt, aus welchen Gründen die amerikanische Landwirtschaft so geringen Import stickstoffhaltiger Artikel benötigt.

Vielleicht hat dieselbe billigen Ersatz im Lande selbst, sei es, dafs die grofsen Exportschlächtereien der Vereinigten Staaten grofse Quantitäten organischer Abfälle und Blutes, welche ja viel Stickstoff enthalten, den Farmern billig liefern, sei es, dafs die amerikanischen Gasgesellschaften und Kokereien grofse Quantitäten schwefelsauren Ammoniaks billig produzieren.

Wie dem auch sei, so ist nach den oben geschilderten Importverhältnissen anzunehmen, dafs die amerikanischen Farmer auch bei dem Artikel »Stickstoff« wesentlich besser gestellt sind als unsere deutschen Landwirte.

Berechnet man, was unsere Landwirtschaft für Phosphat, resp. Superphosphat, für Chilisalpeter und für schwefelsaures Ammoniak an das Ausland bezahlt, so kommen sehr grofse Summen zum Vorschein.

3. Schlußbetrachtungen.

Wenn man die überaus günstige Lage betrachtet, in welcher sich die amerikanische Landwirtschaft und deren Export landwirtschaftlicher Produkte befindet, und wenn man nicht mit vorgefaſster Meinung an die Beurteilung der Frage tritt, wird man zugestehen müssen, daſs diese amerikanische Konkurrenz für die deutsche Landwirtschaft eine sehr gefährliche ist.

Die Farmer in den Vereinigten Staaten sind in jeder Weise besser gestellt als der deutsche Landwirt und vermögen daher landwirtschaftliche Produkte billiger nach Deutschland auf den Markt zu bringen, wie wir sie derzeit im Inlande produzieren können.

Es müssen daher Zölle in derartiger Höhe bestehen, daſs eine Parität hergestellt ist.

Wie hoch die Zölle zu bemessen sind, kann nur ein eingehendes Studium der betreffenden Verhältnisse in beiden Ländern ergeben.

Es wäre ein schweres nationales Verhängnis, wenn unsere deutschen landwirtschaftlichen Verhältnisse sich derart gestalten würden, wie sie in England sind.

Die englischen Zustände sollten uns gerade als abschreckendes Beispiel dienen.

Die Amerikaner sind erstklassige Schutzzöllner und haben ihre Landwirtschaft und Industrie mit Schutzzöllen in solcher Höhe bedacht, dafs sie nicht verlangen können, dafs wir unsere Landwirtschaft durch einen ungleichen Kampf schwer schädigen lassen.

Dem Dingley-Tarif (1897er Tarif) nach dürften sich die Importzölle der Vereinigten Staaten ungefähr, wie folgt, kalkulieren:

Weizen . . .	ca. M. 4.—	per 100 Kilo,
Roggen . . .	- - 1.70	- - -
Hafer	- - 4.30	- - -
Gerste . . .	- - 5.75	- - -
Mais	- - 2.50	- - -
Butter . . .	- - —.55	per Kilo,
Käse	- - —.55	- -
Eier	- - —.21	per Dutzend,
Heu	- - 1.70	per 100 Kilo,
Sämereien	30 % ad valorem,	
Weizenmehl . . .	25 % - -	
Schinken u. Speck	46 Pfg. per Kilo,	
Ochsenfleisch . . .	} 18 Pfg. per Kilo.	
Kalbfleisch		
Hammelfleisch . . .		
Frisches Schweinefl. .		

Das sind Zollsätze in sehr respektabler Höhe für ein Exportland wie die Vereinigten Staaten, und man wird dieselben überhaupt nur verstehen können, wenn man sie als gegen eventuellen kanadischen Import gerichtet betrachtet, da Kanada das einzige Land ist, welches landwirtschaftliche Produkte nach den Vereinigten Staaten exportieren kann.

Speciell der Satz von M. 4.— für Weizen würde den kanadischen Weizenexport nach Minneapolis unmöglich machen, und der Satz von M. 5.75 scheint geradezu die kanadische Brauergerste zu betreffen.

Man kann wohl nichts Besseres thun, als den Amerikanern ihre eigenen Prinzipien zu citieren, nämlich:

›Das Geld nicht ins Ausland schicken, um landwirtschaftliche Produkte zu kaufen, sondern das Geld im Inlande behalten, um alles selbst zu produzieren.‹

Es muſs übrigens zugestanden werden, daſs sich die Amerikaner bei der Ausführung dieser Prinzipien, welche sie gleichmäſsig bei landwirtschaftlichen und industriellen Produkten anführen, sehr wohl zu befinden scheinen.

Die Amerikaner wenden die Colbertschen Maximen an, durch welche dieser geniale Staatsmann vor 250 Jahren Landwirtschaft, Handel und Industrie Frankreichs hob und zur Blüte brachte.

Dieses System scheint auch noch den jetzigen Bedürfnissen und der Situation der Vereinigten Staaten zu entsprechen.

Das gleiche System läſst sich aber nicht in allen Ländern durchführen.

Deutschland z. B. ist nicht in der Lage, sich auf den gleichen Standpunkt zu stellen, da die Grundbedingungen hierzu fehlen, besonders schon deshalb, weil Deutschland nicht genügend Getreide für seine Bevölkerung produzieren kann.

Es sollte aber, wenn möglich, in dieser Hinsicht besser bei uns werden.

Dazu wären aber **gründliche Reformen** auf landwirtschaftlichem Gebiete notwendig.

Der deutsche Import (nach Abzug des Exportes) von ca. 1 Milliarde im Jahre 1897 für Nahrungs- und Genuſsmittel, sowie Vieh giebt viel zu denken.

Es ist dies eine Ziffer, wie sie ungefähr in gleicher Höhe schon seit einer Reihe von Jahren in der deutschen Handelsbilanz wiederkehrt und in erster Linie dazu beiträgt, unsere Handelsbilanz zu einer so stark passiven zu machen.

Eine Handelsbilanz ist jedenfalls nur dann eine ideale, wenn dieselbe Activa zeigt.

Auch in dieser Hinsicht stehen die Vereinigten Staaten mächtig und als Vorbild da.

Dieselben hatten aktive Handelsbilanzen:
im Jahre 1894 von ca. 237 Millionen Dollar,
- - 1895 - - 75 - -
- - 1896 - - 102 - -
- - 1897 - - 286 - -

Es dürfte wohl auch das Bestreben aller Staatsmänner sein, die Handelsbilanz möglichst ins Gleichgewicht zu bringen.

Zur Bewerkstelligung einer solchen Balance ist es aber unerläfslich, darauf hinzuarbeiten, alles, was im Lande produziert werden kann, zu fördern und zu schützen, um das Geld im Lande zu behalten.

Wir können in dieser Hinsicht gar kein besseres Beispiel finden, als es uns die Amerikaner bieten.

Es giebt aufser Getreide und landwirtschaftlichen Produkten noch manche Artikel, für die Deutschland regelmäfsig viele Millionen ins Ausland remittiert, so z. B. Petroleum.

Deutschland importierte 1897:
total . 8 741 754 Metercentner raffin. Petroleum,
wovon . 8 350 396 - aus den Ver. Staaten.

im Jahre 1898:
total . 8 896 747 Metercentner raffin. Petroleum,
wovon . 8 361 927 - aus den Ver. Staaten.

Fortschritte auf dem Gebiete der Technik, wie Spiritusglühlichtlampe, Acetylen, Wassergas, welche uns ermöglichen würden, das Geld, welches jetzt für Petroleum ins Ausland geschickt wird, im Inlande zu behalten, müfsten wir mit grofser Freude begrüfsen.

Wir sollten gerade durch kleinere Importe auf allen Gebieten, wo dies möglich ist, unsere schlechte Handelsbilanz zu bessern suchen.

Eine energische, zielbewufste Politik dürfte in dieser Hinsicht viel erreichen können.

Dafs eine blühende Industrie und ein grofser Export industrieller Erzeugnisse aufserordentlich notwendig für Deutschland sind, ist eine so bekannte Thatsache, dafs man dieselbe nicht zu begründen braucht.

Ist es doch gerade die Industrie, welche das Heer von Arbeitern in Deutschland beschäftigt und es ermöglicht, dafs wir einen grofsen Teil der Schulden für Nahrungsmittel und Rohstoffe an das Ausland abtragen können!

Die volkswirtschaftlichen Leistungen unserer Industrie und unseres Handels können wir daher auch gar nicht zu hoch schätzen.

Es ist selbstverständlich, dafs bei Handelsverträgen das Interesse unserer Industrie ebenfalls in erster Linie Berücksichtigung finden mufs.

Dieser Schutz von Handel und Industrie und das Bestreben, denselben überall die Thüren unter günstigen Bedingungen zu öffnen, werden aber durchführbar sein, ohne unsere Landwirtschaft durch Preisgabe der vitalsten Interessen zu schädigen. .

Die Vereinigten Staaten können, bei gerechter

Würdigung aller einschlägigen Verhältnisse, nicht verlangen, dafs wir unsere Landwirtschaft ohne den unbedingt notwendigen Schutz für alle diejenigen Artikel lassen, ohne welche die deutsche Landwirtschaft im Wettbewerb auf dem heimischen Markte überhaupt nicht bestehen kann.

VIERTER TEIL.

ANHANG.

1. Schätzung der 1898er Ernten und des Jahresbedarfs.

Weizen.

Importländer	Produktion	Jahresbedarf
Großbritannien	16 Mill.M.-Ctr.	68-70 Mill.M.-Ctr.
Frankreich	94 - -	100 - -
Deutschland	30 - -	44-45,5 - -
Österreich	11,5 - -	24-25 - -
Italien	31 - -	38-40 - -
Niederlande	1,8 - -	6-7 - -
Schweiz	1,3 - -	6-6,5 - -
Belgien	5,7 - -	15-16 - -
Dänemark	1,1 - -	2-2,5 - -
Schweden u. Norwegen	1,5 - -	2,8-3 - -
Spanien	26,5 - -	28-28,5 - -
Portugal	2,2 - -	3,5 - -
Griechenland	0,85 - -	1,9 - -
Exportländer		
Rußland, europ. u. asiat.	99 - -	75-80 - -
Ungarn, Kroatien, Slavonien	35,8 - -	26-27 - -
Rumänien	18,5 - -	9-9,5 - -
Bulgarien u. Ostrumelien	12,5 - -	8-8,5 - -

Exportländer	Produktion	Jahresbedarf
Serbien	3 Mill. M.-Ctr.	2-2,3 Mill. M.-Ctr.
Türkei, europ. u. asiat. . . .	27 - -	24,5-25 - -
Ostindien . . .	65,1 - -	56-57 - -
Ver. Staaten von Nordamerika .	160 - -	110 - -
Kanada	14,5 - -	9-10 - -
Argentinien . .	16,7 - -	7,5-8,2 - -
Chili	4,9 - -	3-3,8 - -
Australien . .	9,7 - -	8-8,5 - -
Algier	6,5 - -	6 - -
Tunis	2,5 - -	2 - -
Tripolis	1,2 - -	1,1 - -
Ägypten . . .	4,5 - -	3,2-3,5 - -

Roggen.

Importländer	Produktion	Jahresbedarf
Großbritannien .	0,5 Mill. M.-Ctr.	1 Mill. M.-Ctr.
Frankreich . . .	13 - -	13,5 - -
Deutschland . . .	70 - -	77-80 - -
Österreich . . .	18 - -	21-22 - -
Italien	1,7 - -	2 - -
Niederlande . . .	3 - -	5,5-7 - -
Schweiz	0,35 - -	0,7-1 - -
Belgien	4,8 - -	12-13 - -
Dänemark . . .	4,8 - -	6-6,5 - -
Schweden u. Norwegen	6,5 - -	9-9,5 - -
Spanien	5,8 - -	5,8-6 - -
Portugal	0,7 - -	1-1,1 - -
Exportländer Rußland, europ. u. asiat.	181 - -	170-172 - -

— 101 —

Exportländer	Produktion	Jahresbedarf
Ungarn	10,8 Mill.M.-Ctr.	8,5-9,5 Mill.M.-Ctr.
Rumänien	2,2 -	- 0,8-1,3 - -
Bulgarien u. Ostrumelien	3,8 -	- 3,5-3,6 - -
Serbien	0,35 -	- 0,2-0,3 - -
Türkei	4,5 -	- 4-4,2 - -
Ver. Staaten von Nordamerika	6 -	- 3,5-4 - -

Gerste.

Importländer	Produktion	Jahresbedarf
Großbritannien	16 Mill. M.-Ctr.	25 Mill. M.-Ctr.
Frankreich	6,7 -	- 8,5 - -
Deutschland	23,5 -	- 32-33 - -
Österreich	12,5 -	- 15-16 - -
Italien	2 -	- 2,2 - -
Niederlande	1,1 -	- 2,5-2,8 - -
Schweiz	1 -	- 1,5-2 - -
Belgien	1 -	- 4 - -
Dänemark	5 -	- 5-5,5 - -
Schweden u. Norwegen	3,5 -	- 3,5-3,6 - -
Spanien	13,5 -	- 13,5 - -
Portugal	3,5 -	- 3,5-3,8 - -

Exportländer		
Rußland, europ. u. asiat.	58,15 -	- 45-50 - -
Ungarn	14,8 -	- 8-9 - -
Rumänien	8,5 -	- 4,5-5 - -
Bulgarien u. Ostrumelien	3 -	- 2,5-2,8 - -
Serbien	1 -	- 0,7-0,8 - -
Türkei	7,5 -	- 6-6,5 - -

Exportländer	Produktion	Jahresbedarf
Ver. Staaten von Nordamerika	13,2 Mill.M.-Ctr.	10-11 Mill.M.-Ctr.
Kanada	5	4
Algier	8,5	7,8-8
Tunis	2,5	2-2,25
Ägypten	3,75	3,25

Hafer.

Importländer	Produktion	Jahresbedarf
Grofsbritannien	25,9 Mill. M.-Ctr.	35,5 Mill. M.-Ctr.
Frankreich	19	22
Deutschland	51	55-56
Österreich	18	20-21
Italien	3	3
Niederlande	2,5	3-3,5
Schweiz	1,5	2,2-2,5
Belgien	3,6	6-6,5
Dänemark	4,8	5-5,5
Schweden u. Norwegen	8,5	7,5-8
Spanien	1	1,3-1,5
Portugal	0,45	0,6-0,7

Exportländer

	Produktion	Jahresbedarf
Rufsland	110,57	103-104
Ungarn	13,24	10,5-11,5
Rumänien	3,3	2,5-2,8
Bulgarien u. Ostrumelien	1	0,8-0,9
Serbien	1	0,8-0,9
Türkei	5,5	5,4-5,5
Ver. Staaten von Nordamerika	103,5	92-93
Kanada	26	24-24,5

Mais.

Importländer	Produktion	Jahresbedarf
Großbritannien	— Mill. M.-Ctr.	29-30 Mill. M.-Ctr.
Frankreich	5,5	9,1-10
Deutschland	—	10
Österreich	5	10
Italien	19,5	21-23
Niederlande	—	3,5-4
Schweiz	—	1,5-1,8
Belgien	—	3,5-4
Dänemark	—	2,5
Schweden u. Norwegen	—	0,1-0,2
Spanien	5	5,3-6
Portugal	1,10	1,3-1,5
Exportländer		
Rußland	13,92	10,5-10,9
Ungarn	26,5	26-27
Rumänien	25	20-22
Bulgarien u. Ostrumelien	11,5	10-11
Serbien	7	6-6,5
Türkei	21	21
Ver. Staaten von Nordamerika	488,5	438-443
Kanada	10,5	8,5-9
Argentinien	18,5	10-11
Chili	2,5	1,8-2
Ägypten	5,5	6

2. Statistik über den Prozentsatz des Exportes der Vereinigten Staaten, verglichen mit der Totalernte des Landes.

Durchschnittlicher Export in Prozenten im Verhältnis zur Totalernte.

	Prozente in den Jahren			
	1868—72	1878—82	1888—92	1894—96
Mais	1,84	4,82	3,49	5,39
Weizen u. Mehl	12,83	27,84	17,68	15,96
Roggen . . .	1,78	10,30	—	12,21
Hafer	0,13	0,37	0,80	2,22
Gerste	0,93	1,55	—	12,96
Kartoffeln . .	—	0,37	—	0,30
Tabak	71,12	55,84	—	67,42
Baumwolle . .	72,81	72,80	66,79	73,60
Heu	—	0,03	—	0,10

Es ist hierbei nicht zu vergessen, dafs, wie in vorstehender Studie ausgeführt, ein grofser Teil der Ernte in Form animalischer Produkte, sowie auch im Viehexport selbst zur Verwertung gelangt.

Im Jahre 1895 wurden z. B. exportiert:

344 598 139 engl. Pfd. Ochsenfleisch und Ochsenfleischfabrikate,
1 092 024 847 - - Schweinefleisch u. Schweinefleischprodukte,
591 449 - - Hammelfleisch, sowie
88 199 775 - - Oleo-Margarine.

3. Statistik über das durchschnittliche Erträgnis und den durchschnittlichen Wert verschiedener Getreideartikel in den Vereinigten Staaten.

Mais.

	Durchschnittl. Wert ab Farm per Bushel	Durchschnittl. Erträgnis per Acre	Durchschn. Wert per Acre
	Doll. resp. Cents	Bushels	Doll.
Nordatlant. Staaten			
1870—1879	0,66	34,8	23,09
1880—1889	0,59	30,7	18,11
1890—1896	0,53	32	16,81
Südatlant. Staaten			
1870—1879	0,66	15	9,89
1880—1889	0,57	13,7	7,80
1890—1896	0,50	14,4	7,29
Nördl. Mittelstaaten			
1870—1879	0,33	32,3	10,56
1880—1889	0,32	28,9	9,41
1890—1896	0,30	28,4	8,46
Südl. Mittelstaaten			
1870—1879	0,58	21,2	12,21
1880—1889	0,50	18,5	9,19
1890—1896	0,44	18,8	8,37

	Durchschnittl. Wert ab Farm per Bushel	Durchschnittl. Ertrügnis per Acre	Durchschn. Wert per Acre
	Doll. resp. Cents	Bushels	Doll.
Westl. Staaten			
1870—1879	0,88	31	27,26
1880—1889	0,72	26,3	18,84
1890—1896	0,57	23,4	13,30
Durchschnitt in sämtlichen Staaten der Union			
1870—1879	0,426	27,1	11,54
1880—1889	0,393	24,1	9,48
1890—1896	0.355	24,1	8,55

Weizen.

Nordatlant. Staaten			
1870—1879	1.33	14,2	18,94
1880—1889	1.02	13,3	13,61
1890—1896	0,81	14,9	11,99
Südatlant. Staaten			
1870—1879	1,31	9.0	11,81
1880—1889	1,02	8,3	8,49
1890—1896	0,80	9.4	7,47
Nördl. Mittelstaaten			
1870—1879	0,96	13	12,50
1880—1889	0,79	12,6	9,94
1890—1896	0,62	13,3	8,28
Südl. Mittelstaaten			
1870—1879	1,11	9	9,98
1880—1889	0,91	8,1	7,34
1890—1896	0.73	9,8	7,15

	Durchschnittl. Wert ab Farm per Bushel	Durchschnittl. Erträgnis per Acre	Durchschn. Wert per Acre
	Doll. resp. Cents	Bushels	Doll.
Westl. Staaten			
1870—1879	1,10	13,9	15,18
1880—1889	0,80	14,1	11,31
1890—1896	0,68	14,7	9,95
Durchschnitt in sämtl. Staaten der Union			
1870—1879	1,049	12,4	13
1880—1889	0,827	12,1	9,98
1890—1896	0,658	13	8,54

Hafer.

	Durchschnittl. Wert ab Farm per Bushel	Durchschnittl. Erträgnis per Acre	Durchschn. Wert per Acre
Nordatlant. Staaten			
1870—1879	0,43	31,6	13,56
1880—1889	0,39	28,4	11,06
1890—1896	0,35	27,3	9,68
Südatlant. Staaten			
1870—1879	0,51	15,6	7,90
1880—1889	0,48	11,3	5,46
1890—1896	0,44	13,1	5,71
Nördl. Mittelstaaten			
1870—1879	0,28	30,8	8,67
1880—1889	0,26	31	8,14
1890—1896	0,25	27,2	6,87
Südl. Mittelstaaten			
1870—1879	0,48	20,5	9,82
1880—1889	0,44	15,8	6,91
1890—1896	0,39	17,7	6,93
Westl. Staaten			
1870—1879	0,62	32,5	20,01
1880—1889	0,46	29,5	13,54
1890—1896	0,39	30,7	11,96

	Durchschnittl. Wert ab Farm per Bushel	Durchschnittl. Ertragnis per Acre	Durchschn. Wert per Acre
	Doll. resp. Cents	Bushels	Doll.
Durchschnitt in sämtl. Staaten der Union			
1870–1879	0,353	28,4	10,03
1880–1889	0,309	26,6	8,22
1890–1896	0,286	25,2	7,21

Gerste.

Nordatlant. Staaten			
1870–1879	0,86	21,8	18,76
1880–1889	0,75	22,5	16,79
1890–1896	0,58	21,8	12,68
Südatlant. Staaten			
1870–1879	0,89	15	13,38
1880–1889	0,86	15,5	13,35
1890–1896	—	—	—
Nördl. Mittelstaaten			
1870–1879	0,62	23,5	14,50
1880–1889	0,51	21,9	11,13
1890–1896	0,31	23,7	7,44
Südl. Mittelstaaten			
1870–1879	0,89	22,7	20,26
1880–1889	0,68	18,7	12,71
1890–1896	0,49	19	9,39
Westl. Staaten			
1870–1879	0,80	20,9	16,68
1880–1889	0,63	21,1	13,31
1890–1896	0,44	21,4	9,31
Durchschnitt in sämtl. Staaten der Union			
1870–1879	0,738	22,1	16,34
1880–1889	0,589	21,7	12,79
1890–1896	0,374	22,8	8,52

Roggen.

	Durchschnittl. Wert ab Farm per Bushel	Durchschnittl. Erträgnis per Acre	Durchschn. Wert per Acre
	Doll. resp. Cents	Bushels	Doll.
Nordatlant. Staaten			
1870—1879	0,83	13,8	11,47
1880—1889	0,72	11,3	8,09
1890—1896	0,53	15,2	8,10
Südatlant. Staaten			
1870—1879	0,81	9,9	8,03
1880—1889	0,79	6,9	5,43
1890—1896	0,62	9,3	5,70
Nördl. Mittelstaaten			
1870—1879	0,55	16,4	9,10
1880—1889	0,52	14	7,34
1890—1896	0,39	13,5	5,22
Südl. Mittelstaaten			
1870—1879	0,79	11,3	8,92
1880—1889	0,75	8,1	6,08
1890—1896	0,60	10,7	6,46
Westl. Staaten			
1870—1879	0,98	17,5	17,14
1880—1889	0,77	11,5	8,89
1890—1896	0,58	14,6	8,51
Durchschnitt in sämtl. Staaten der Union			
1870—1879	0,701	14,1	9,92
1880—1889	0,622	11,9	7,39
1890—1896	0,467	13,6	6,35

Vorstehende Statistiken über das durchschnittliche Erträgnis und den durchschnittlichen Wert verschiedener Getreideartikel zeigen, daſs Mais

von 1870—1879 einen durchschnittllichen
Preis ab Farm von 42,6 Cts. pr. bush.,
- 1880—1889 -   -   39,3 - - -
- 1890—1896 -   -   35,5 - - -
hatte, also während der 27 Jahre um ca. 16% im Preise zurückgegangen ist.

Der Minderwert von Weizen ist noch bedeutender, denn der durchschnittliche Preis dieses Artikels ab Farm war:
von 1870—1879 Doll. 1,049 Cents per bushel,
- 1880—1889 - 0,827 - - -
- 1890—1896 - 0,658 - - -
was einem Preisrückgang von ca. 40% entspricht.

Alle anderen Getreidearten zeigen laut vorstehender Statistik ebenfalls Preisrückgänge.

Wollte man auf Grundlage der Statistiken, Anbauflächen und Erträgnisse betreffend, auf allgemein zunehmende oder abnehmende Fruchtbarkeit des Bodens schliefsen, so würde man zu falschen Resultaten gelangen, weil in diesem Punkte noch andere Faktoren mitsprechen, wie z. B. Anbau ganz neuer Terrains, Brachliegen früher kultivierter Flächen u. s. w.

4. Durchschnittsgröfse der Farmen nach geographischer Lage und nach Jahrgängen.

Geograph. Lage und Jahrgänge	Durchschnittl. Gröfse der Farm	Hiervon angebaut
Nordatlant. Staaten		
1850	113 acres	69 acres
1860	108 -	69 -
1870	104 -	68 -
1880	98 -	64 -
1890	95 -	64 -
Südatlant. Staaten		
1850	376 -	121 -
1860	353 -	116 -
1870	241 -	81 -
1880	157 -	56 -
1890	134 -	56 -
Nördl. Mittelstaaten		
1850	143 -	61 -
1860	140 -	68 -
1870	124 -	70 -
1880	122 -	81 -
1890	133 -	96 -

Geograph. Lage und Jahrgänge	Durchschnittl. Gröfse der Farm	Hiervon angebaut.
Südl. Mittelstaaten		
1850	291 acres	83 acres
1860	321 -	90 -
1870	194 -	61 -
1880	151 -	56 -
1890	144 -	61 -
Westl. Staaten		
1850	695 -	52 -
1860	367 -	106 -
1870	336 -	168 -
1880	313 -	186 -
1890	324 -	158 -
Durchschnitt sämtl. Staaten der Union		
1850	203 -	78 -
1860	199 -	80 -
1870	153 -	71 -
1880	134 -	71 -
1890	137 -	78 -

Vorstehende Statistik zeigt, dafs vom Jahre 1860 bis zum Jahre 1880 die Durchschnittsgröfse der Farmen unausgesetzt zurückging.

Im Jahre 1850 hatte eine Farm durchschn. 78 acres
- - 1860 - - - - 80 -
- - 1870 - - - - 71 -
- - 1880 - - - - 71 -
- - 1890 - - - - 78 -

angebautes Land.

Das Jahr 1890 zeigt ungefähr dasselbe Durchschnittsgröfsenverhältnis, wie es zu Anfang der 1840er Jahre war.

Es scheint also, dafs in unserem Zeitalter der Maschinen und verbesserten Gerätschaften und trotz des ausgedehnten Eisenbahnnetzes die Gröfsenverhältnisse der Farmen hinsichtlich des angebauten Landes ungefähr wieder dieselben wurden, wie sie zur Zeit der Handarbeit, des Ochsenpfluges und der beschränkten Absatzgebiete gewesen sind.

Es ist noch erwähnenswert, dafs
1880 29,3 % der Farmen durchschn. unter 50 acres
1890 28,9 % - - Gröfse hatten,
1880 25,8 % - - durchschn. zwischen 50 und
1890 24,6 % - - 100 acres Gröfse hatten,
1880 42,3 % - - durchschn. zwischen 100 u.
1890 44 % - - 500 acres Gröfse hatten,
1880 1,9 % - - durchschn. zwischen 500 u.
1890 1,8 % - - 1000 acres Gröfse hatten,
1880 0,71 % - - durchschn. über 1000 acres
1890 0,69 % - - Gröfse hatten.

5. Statistik über das in den Farmen angelegte Kapital und über den Wert der Erträgnisse.

Geograph. Lage und Jahrgänge	des Terrains, d. Umzäunung u. d. Gebäude	Prozentualer Wert von Maschinen u. Gerätschaften	d. Viehstandes	der Farmprodukte
Nordatlant. Staaten				
1870	85,7	3,1	11,2	17,2
1880	87,7	3,4	8,9	13,8
1890	85,5	3,9	10,6	14,1
Südatlant. Staaten				
1870	82,4	2,7	14,9	33,3
1880	84,8	2,9	12,3	25,5
1890	85,2	2,7	12,1	22
Nördl. Mittelstaaten				
1870	84	3	13	19,1
1880	84,1	3,4	12,5	16,6
1890	83	3	14	13,1
Südl. Mittelstaaten				
1870	74,8	3,3	21,9	40,3
1880	77,7	3,7	18,6	31,6
1890	77,9	3,1	19	26
Westl. Staaten				
1870	72,8	3,2	24	28,4
1880	79	3,2	17,8	19,2
1890	83,4	2,3	14,3	11,9

Geograph. Lage und Jahrgänge	Prozentualer Wert des Terrains, d. Umzäunung u. d. Gebäude	von Maschinen u. Gerätschaften	d. Viehstandes	der Farmprodukte
Durchschnitt sämtl. Staaten der Union				
1870	83,3	3	13,7	22
1880	84,2	3,4	12,4	18,3
1890	83,1	3,1	13,8	15,4

Man sieht hieraus, daſs das Verhältnis des vom Farmer für Terrain und Gebäude, Maschinen und Gerätschaften sowie für den Viehstand aufgewendeten Kapitals während der 20 Jahre so ziemlich das gleiche geblieben ist, daſs hingegen die Erträgnisse bedeutend zurückgegangen sind. Die Ursache hiervon dürfte darin liegen, daſs die Preise für Getreide und für landwirtschaftliche Produkte zurückgegangen sind.

Vorstehende Tabelle in Geld, anstatt in Prozenten ausgedrückt, stellt sich wie folgt:

Geograph. Lage und Jahrgänge	Prozentualer Wert des Terrains, d. Umzäunung u. d. Gebäude	von Maschinen u. Gerätschaften	d. Viehstandes	der Farmprodukte
Nordatlant. Staaten	Dollars	Dollars	Dollars	Dollars
1870 . . .	4570	162	598	917
1880 . . .	4027	154	411	633
1890 . . .	3856	177	477	635
Südatlant. Staaten				
1870 . . .	1775	58	321	716
1880 . . .	1384	48	200	416
1890 . . .	1515	49	216	391
Nördl. Mittelstaaten				
1870 . . .	3338	119	516	757
1880 . . .	3021	121	449	595
1890 . . .	3675	131	621	579

		Prozentualer Wert		
Geograph. Lage und Jahrgänge	des Terrains, d. Umzäunung u. d. Gebäude	von Maschinen u. Gerätschaften	d. Viehstandes	der Farmprodukte
	Dollars	Dollars	Dollars	Dollars
Südl. Mittelstaaten				
1870	1444	64	423	777
1880	1107	53	265	449
1890	1325	54	323	442
Westl. Staaten				
1870	3220	144	1059	1257
1880	4669	189	1053	1133
1890	7506	208	1282	1067
Durchschnitt sämtl. Staaten der Union				
1870	3030	111	499	801
1880	2544	101	374	552
1890	2909	108	484	539

Es dürfte von besonderem Interesse sein, zu wissen, welche Beträge an die landwirtschaftlichen Lohnarbeiter bezahlt wurden, und in welchem Prozentsatz dieselben vom Bruttoerträgnisse der Farmen abzurechnen sind.

Es wurde in den Vereinigten Staaten im Jahre 1890 an landwirtschaftliche Lohnarbeiter die Summe von 645 460 352 Dollars bezahlt,
was einem Prozentsatz von 26,2 % des Wertes der Farmprodukte gleich kommt.

(Siehe Tabelle auf Seite 118 und ·119.)

Die menschliche Arbeitszeit reduziert sich bei Auswahl der günstigsten Beispiele, wie folgt:

Bei Mais . per bushel von 58,1 Min. auf 22,7 Min.,
- Weizen - - - 183,2 - - 10 -
- Hafer - - - 90,6 - - 10,8 -
- Roggen - - - 151,2 - - 60,4 -
- Gerste - - - 116,2 - - 6,8 -

6. Statistik über den Unterschied zwischen

Artikel und vorherrschende Arbeit	Für einen acre	Jahrgang	Anzahl der Arbeitsstunden			
			Menschen		Tiere	
			Stund.	Minut.	Stund.	Minut.
Mais.						
Handarbeit	per 40 bushel	1858	34	38,5	34	23,5
Maschinenarbeit	» 40 »	1894	16	30,3	38	41,2
Handarbeit	» 40 »	1855	38	45	37	30
Maschinenarbeit	» 40 »	1894	*15	7,8	35	56,2
Handarbeit	» 40 »	1855	182	40,8	54	9
Maschinenarbeit	» 40 »	1894	27	30,3	47	46,8
Handarbeit	» 40 »	1858	169	27	49	2,5
Maschinenarbeit	» 40 »	1894	27	17	47	30,2
Weizen.						
Handarbeit	» 20 »	1830	64	15	23	—
Maschinenarbeit	» 20 »	1896	3	19,2	27	18,6
Handarbeit	» 20 »	1830	61	5	22	20
Maschinenarbeit	» 20 »	1896	3	19,2	27	18,6
Hafer.						
Handarbeit	» 40 »	1830	60	25	9	—
Maschinenarbeit	» 40 »	1893	7	10,8	10	51,2
Handarbeit	» 40 »	1830	66	15	9	40
Maschinenarbeit	» 40 »	1893	7	5,8	10	31,2
Roggen.						
Handarbeit	» 25 »	1848	62	58,9	36	40
Maschinenarbeit	» 25 »	1895	25	10	25	50
Handarbeit	» 25 »	1848	66	3,8	38	—
Maschinenarbeit	» 25 »	1895	25	10	26	20
Gerste.						
Handarbeit	» 30 »	1830	63	35	23	—
Maschinenarbeit	» 30 »	1896	2	42,8	9	12,6
Handarbeit	» 30 »	1830	58	5	22	20
Maschinenarbeit	» 30 »	1896	2	42,8	9	12,6

Eine Vergleichung obiger Zahlen wird ergeben, dafs durch sich, wie folgt, verringerten:

                                Mais   per bushel von
                                Weizen   »   »   »
                     resp.   do.   »   »   »
                                Hafer   »   »   »
                                Roggen »   »   »
                                Gerste   »   »   »

[1] Mit Verpflegung.

Handarbeit und Maschinenarbeit.

Arbeitskosten			Durchschnittspreis der ganzen Arbeit per bushel	Durchschnittspreis der menschl. Arbeit	Menschl. Arbeit benötigte per bushel
Menschen	Tiere	Zusammen			
Dollars			Dollars	Dollars	Minuten
3,2642	1,2898	4,5540	0,1138	0,0816	52
1,6505	1,9344	3,5849	0,0896	0,0413	24,8
3,6280	1,4064	5,0314	0,1258	0,0906	58,1
1,5130	1,7969	3,3099	0,0827	0,0378	22,7
14,3082	2,0308	16,3390	0,4085	0,3577	274
4,2269	2,3891	6,6160	0,1654	0,1057	41,3
16,9451	1,8392	18,7843	0,4696	0,4236	254,2
4,1502	2,3753	6,5255	0,1631	0,1038	40,9
3,7125	0,2875	4,0000	0,2000	0,1856	192,8
0,6605	1,3655	2,0260	0,5600	0,0359	8,9
3,5542	0,2792	3,8334	0,1917	0,1777	183,2
0,6605	1,3655	2,0260	0,1013	0,0330	10
3,4375	0,1125	3,5500	0,0888	0,0859	90,6
1,0836	0,5427	1,6263	0,0407	0,0271	10,8
3,7292	0,1208	3,8500	0,0962	0,0932	99,4
1,0732	0,5260	1,5992	0,0400	0,0268	10,6
4,1061[1]	1,1459	5,2520	0,2101	0,1642	151,2
2,6542[1]	1,6459	4,3001	0,1720	0,1062	60,4
3,3031[1]	1,4250	4,7281	0,1891	0,1321	158,6
2,6542[1]	1,3167	3,9709	0,1588	0,1062	60,4
3,5958	0,2875	3,8833	0,1294	0,1199	127,2
0,6020	0,4605	1,0625	0,0354	0,0201	5,4
3,3208	0,2792	3,6000	0,1200	0,1107	116,2
0,6020	0,4605	1,0625	0,0676	0,0238	6,8

Anwendung von Maschinen und besseren Gerätschaften die Kosten

12,58 Cents auf 8,27 Cents
19,17 » » 10,13 »
20 » » 5,60 »
8,88 » » 4,07 »
21,01 » » 17,20 »
12,94 » » 3,54 »

7. Landwirtschaftliche Berufsstatistik.

Der gröfste Prozentsatz der Bevölkerung der Vereinigten Staaten, beruflichen Ständen nach, findet in der Landwirtschaft Beschäftigung.

Einer Zählung im Jahre 1890 entsprechend, waren 8 395 634 Personen, wovon 678 142 Frauen, in landwirtschaftlichen Betrieben thätig, was im Prozentsatz zu allen anderen Berufsarten 36,9 % ausmacht.

Es verteilen sich dieselben wie folgt:

	männlich	weiblich	zusammen
Landwirtschaftliche Arbeiter	2 556 957	447 104	3 004 061
Bienenzüchter	1 728	45	1 773
Angestellte d. Milchwirtschaft	16 161	1 734	17 895
Farmer, Pflanzer u. Aufseher	5 055 130	226 427	5 281 557
Gärtner, Blumenzüchter, Weinproduzenten	70 186	2 415	72 601
Andere landwirtsch. Berufe	17 330	417	17 747
Total:	7 717 492	678 142	8 395 634

Es ist aufserdem von Interesse zu sehen, wie sich das Verhältnis von 1880—1890 hinsichtlich der von **Eigentümern und von Pächtern** bewirtschafteten Farmen stellt.

Es wurden kultiviert:

Geographische Lage	Vom Eigenthüm.		Vom Pächter	
	1880	1890	1880	1890
Nordatlant. Staaten	84%	81,6%	16%	18,4%
Südatlant. Staaten	63,9%	61,5%	36,1%	38,5%
Nördl. Mittel-Staaten	79,5%	76,6%	20,5%	23,4%
Südl. Mittel-Staaten	63,8%	61,6%	36,2%	38,4%
Westliche Staaten	86%	87,9%	14%	12,1%
Durchschnitt in sämtl. Staaten der Union	74,4%	73,8%	24,6%	26,2%

Infolge der gröfseren Anzahl von Pächtern, sowie auch verursacht durch den stärkeren Gebrauch von landwirtschaftlichen Maschinen ist der Prozentsatz landwirtschaftlicher Lohnarbeiter, welcher

im Jahre 1870   48,9% aller in der Landwirtschaft beschäftigten Personen ausmachte,

im Jahre 1880 auf 43,6% und

- - 1890 - 35,8% gefallen.

8. Löhne für Farmarbeit in den Vereinigten Staaten.

Lohnsätze für Farmarbeiter ohne Verpflegung nach geographischen Lagen und per Monat.

	1895	1894	1893	1892
	Doll.Gold	Doll.Gold	Doll.Gold	Doll.Gold
Östliche Staaten	29.—	27.02	29.07	26.46
Mittlere Staaten	23.80	23.64	24.82	23.83
Südliche Staaten	12.71	13.04	14.07	14.86
Westliche Staaten	21.82	21.50	23.12	22.61
Gebirgsstaaten	30.04	29.95	33.97	32.16
Stille Ocean-Staaten	31.68	34.15	36.95	36.15
Durchschnitt	17.69	17.74	19.10	18.60

1 Dollar Gold ca. Mark 4.20.

Die Löhne sind verhältnismäfsig niedere, da diese Arbeit im allgemeinen schlecht bezahlt wird.

9. Entwickelung der Landwirtschaft in den Vereinigten Staaten.

Die Vereinigten Staaten haben einen Flächeninhalt von 2939000 Quadratmeilen (ohne Alaska und die Indianerterritorien); 623218619 acres waren im Jahre 1890 in Händen von Farmern, welche davon 357616755 acres unter Kultur hatten.

Auf dieser ungeheuren Fläche sind Bodenverhältnisse, Höhenverhältnisse, Wärmeunterschiede, Feuchtigkeit und andere landwirtschaftliche Grundbedingungen von solcher Verschiedenheit, dafs landwirtschaftliche Produkte von der mannigfaltigsten Art und in reichlicher Fülle gedeihen, so zwar, dafs der Weltmarkt in vielen landwirtschaftlichen Produkten von den Vereinigten Staaten mehr oder weniger beherrscht wird.

Eine grofse und rapide Entwickelung zeigt sich auf allen Gebieten der Landwirtschaft in den Vereinigten Staaten.

Die Anzahl der Farmen ist von 1850—1890 um 215 % gewachsen, nämlich von 1449073 auf 4564641 Farmen.

Das in den Händen der Farmer befindliche Terrain wuchs in der gleichen Zeitperiode um 112,3 % an, nämlich von 293560614 acres auf 623218619 acres.

Die von den Farmern angebaute Fläche hob sich dagegen um 216,2 %, nämlich von 113032614 acres auf 357616755 acres.

Eine bemerkenswerte Erscheinung hierbei ist die, daſs der Anbau von bisher unkultiviertem Lande hauptsächlich in den Gegenden stattfand, welche durch Eisenbahnen neu erschlossen wurden.

Diese Terrains waren von den Bahnen und vom Staate erhältlich.

So wuchs z. B. von 1850—1890 das kultivierte Land an:

in den nordatlantischen Staaten um   24,7 %,
- - südatlantischen Staaten . -   38,9 %,
- - nördlichen Mittelstaaten . -   590,7 %,
- - südlichen Mittelstaaten. . -   200,8 %,
- - westlichen Staaten gar . -   6518 %.

Es findet dies seine Erklärung darin, daſs speciell im Westen und Nordwesten der Vereinigten Staaten ungeheuere Strecken guten jungfräulichen Ackerlandes zu sehr billigen Preisen an Einwanderer verkauft wurden, und daſs diese Gegenden gleichzeitig durch die Eisenbahnen in Verbindung mit den Absatzmärkten für die landwirtschaftlichen Produkte kamen.

10. Amerikanische Gewichte und Maße.

1 bushel Weizen = 60 englische Pfund (lbs.)
1 - Mais = 56 - -
1 - Roggen = 56 - -
1 - Hafer = 32 - -
1 - Gerste = 48 - -
112 lbs. (engl. Pfund) = 101 1/2 deutsche Pf. (50 3/4 Kilo)
1 - - - = 0,4535 Kilo.
100 Kilo Weizen = 3,67 bushels,
100 - Mais = 3,93 -
100 - Roggen = 3,93 -
100 - Hafer = 6,87 -
100 - Gerste = 4,58 -
1 acre = 0,4046 Hektar.

11. Import der Vereinigten Staaten in den Fiskaljahren (endigend am 30. Juni jedes Jahres) 1895—1897.

	1897 Dollars	1896 Dollars	1895 Dollars
Zucker und Melasse-Zucker	99 066 181	89 957 038	77 756 703
Melasse und Syrup . . .	586 513		
Wolle, roh	53 243 191	85 945 435	64 095 623
Wolle-Fabrikate	49 162 992		
Seide, roh	18 918 283	53 416 196	53 831 496
Seide-Fabrikate	25 199 067		
Kaffee	81 544 384	84 790 451	96 129 326
Eisen und Stahl, sowie Fabrikate daraus . .	10 752 043	16 387 447	10 904 394
Chemikalien, Drogen, Medizin, Farbstoffe u. s. w.	14 176 495	46 513 009	41 845 499
Baumwolle, roh	5 884 662	36 332 401	35 143 378
Baumwolle-Fabrikate . .	31 802 141		
Häute und Felle . . .	27 863 026	30 520 177	26 122 942
Zinn und Zinn-Fabrikate .	11 880 490	15 712 372	18 931 504
Flachs, roh	1 897 976	20 610 267	20 994 666
Flachs-Fabrikate	20 671 596		
Früchte und Nüsse . . .	17 126 932	19 033 772	17 239 905
Thee	14 835 862	12 704 440	13 170 924
Gummi, Guttapercha und Fabrikate	17 953 310	17 160 992	18 864 168
Getreide und Nahrungsmittel	2 774 763	2 780 814	2 859 449

	1897 Dollars	1896 Dollars	1895 Dollars
Holz- und Holz-Fabrikate	19 742 922	19 515 138	16 855 845
Leder und Leder-Fabrikate	13 283 151	13 460 142	13 819 019
Jute u. s. w., roh	6 390 263	13 740 123	12 751 756
Jute-Fabrikate	11 657 290		
Tabak- und Tabak-Fabrikate	11 681 702	18 703 942	16 892 649
Wein und geistige Getränke	9 848 856	9 245 573	9 242 355
Fleischwaren, Eier, Fische	8 541 106	8 506 979	7 825 924
Erden, Steine, Porzellan	9 977 266	10 605 861	8 956 034
Fantasie-Artikel, Parfümerieen und Kosmetik	10 289 663	9 360 667	7 375 763
Pelze	6 015 054	9 303 398	10 322 157
Glas und Glas-Waren	5 509 626	7 436 458	6 541 661
Edelsteine	2 670 639	6 712 385	7 421 355
Exportierte und wiedereingeführte Artikel	4 233 605	4 374 850	2 962 497
Papier-Waren	3 872 591	4 498 552	4 744 035
Hanf und Hanf-Fabrikate	4 266 236	4 816 754	4 959 225
Knöpfe und Knopf-Materialien	950 061	1 423 910	1 070 733
Lebende Tiere	4 285 515	3 252 502	2 738 292
Bücher u. s. w.	3 179 706	3 493 011	3 331 637
Stroh, Palmblätter und Fabrikate	5 912 738	5 547 410	4 394 080
Malereien, Photographien, Bildhauer-Arbeiten	4 424 411	4 819 840	3 843 097
Öl jeder Art	5 501 771	5 493 348	5 119 499
Uhren und Materialien	1 566 999	1 623 222	1 319 521
Haar und Haar-Fabrikate	2 052 204	2 141 147	2 125 470
Rinde, medizin., und andere	1 598 972	1 590 406	1 397 313
Gewürze	2 576 816	2 378 519	2 638 878
Metalle und Fabrikate	5 315 517	5 634 543	4 882 413
Haushaltungsgegenstände von Auswanderern u.s.w.	2 437 713	2 585 749	2 242 961
Kohlen	3 540 848	3 545 258	3 838 653
Papier u. Papier-Fabrikate	3 113 765	3 169 480	2 863 477

	1897	1896	1895
	Dollars	Dollars	Dollars
Farbeholz . , ...	730 726	1 631 833	1 589 773
Sämereien	1 423 926	2 682 154	6 535 581
Salz	753 906	758 992	680 802
Musikalische Instrumente.	1 147 926	1 307 533	918 170
Farben aller Art . . .	1 387 353	1 309 041	1 246 924
Borsten	1 217 179	1 435 348	1 244 151
Kakao	2 997 866	2 387 078	3 195 811
Kleider	2 627 222	2 683 315	2 766 777
Bier u. s. w.	1 560 293	1 665 016	1 508 442
Gemüse	2 571 948	2 521 206	3 971 536
Marmor und Steine, sowie Fabrikate daraus . . .	1 197 208	1 328 139	1 238 855
Zink und Blei, sowie Fabrikate daraus	2 026 625	2 484 324	2 527 118
Goldarbeiter-Waren . . .	886 969	1 123 358	653 378
Guano	91 582	49 989	72 403
Müller-Gaze	212 385	207 461	247 863
Kupfer und Fabrikate . .	1 080 638	1 529 952	801 332
Cement	2 972 350	3 839 321	3 409 937
Reis	3 517 160	2 186 283	3 444 964
Erze (exklusive Gold und Silber)	1 524 915	1 220 612	379 682
Alle anderen Artikel . .	25 012 919	28 514 282	25 158 100

12. Export der Vereinigten Staaten in den Fiskaljahren (endigend am 30. Juni jedes Jahres) 1895—1897.

	1897 Dollars	1896 Dollars	1895 Dollars
Baumwolle, roh	230 890 971	206 185 757	218 172 070
Baumwolle, verarbeitet	20 158 874		
Getreide-Artikel	197 857 219	141 356 993	114 603 115
Fleisch-Waren, Artikel der Milch-Wirtschaft und Gemüse	129 951 352	122 746 971	126 777 703
Öle, mineralische	62 635 037	77 242 271	61 667 594
Öle, animalische	7 385 985		
Öle, vegetabilische	8 511 618		
Holz und Holz-Fabrikate	39 624 800	31 947 108	27 115 907
Tabak und Tabak-Fabrikate	29 737 263	28 951 723	29 752 133
Eisen und Stahl, sowie Fabrikate daraus	60 405 208	39 043 118	28 813 937
Lebende Tiere	43 568 461	41 840 969	35 754 049
Leder und Leder-Fabrikate	17 453 222	18 806 070	14 604 179
Ölkuchen und Ölkuchen-Mehl	9 611 044	7 949 647	7 165 587
Hopfen	1 304 183	1 478 919	1 872 597
Sämereien	6 028 432	1 592 017	2 849 145
Terpentin	4 447 551	4 613 811	3 998 277
Kohlen	11 008 643	10 646 062	11 098 627

	1897 Dollars	1896 Dollars	1895 Dollars
Drogen, Chemikalien, Medizin, Säuren und Färbe-Stoffe	8 946 892	8 277 542	7 362 429
Pelze	3 284 349	3 800 168	3 921 505
Landwirtschaftliche Gerätschaften	5 240 686	5 176 775	5 413 075
Wagen, Karren und Teile davon	3 058 897	2 991 813	2 522 724
Zucker, raffiniert	341 641	1 199 012	1 279 346
Zucker, Melasse	823 690		
Talg	2 782 595	2 323 764	1 293 059
Harz, Teer, Pech	4 767 407	4 229 735	3 421 496
Nähmaschinen und Teile davon	3 340 241	3 139 249	2 260 139
Obst, frisch und getrocknet	7 739 305	5 679 066	4 971 791
Metall und Metall-Fabrikate	6 687 804	4 162 310	3 556 630
Kupfer und Kupfer-Fabrikate	33 680 904	21 753 962	15 573 218
Papier- und Schreib-Materialien	4 261 535	3 488 159	2 866 748
Branntwein	1 941 703	1 730 804	2 991 686
Uhren und Uhrenteile	1 770 329	1 475 518	1 204 005
Artillerie und Munition	2 200 310	2 152 111	2 064 184
Häute und Felle	2 388 530	3 858 946	2 310 323
Musikalische Instrumente	1 276 717	1 271 161	1 115 727
Luxus-Artikel, Parfümerieen und Toilette-Seife	521 477	513 498	483 151
Dünger-Artikel	5 005 929	4 400 593	5 471 262
Quecksilber	448 333	628 673	425 724
Bücher u. s. w.	2 647 548	2 338 722	2 316 217
Glas und Glas-Waren	1 208 187	1 062 225	946 381
Kleidungsstücke (inklusive Hüte und Mützen)	2 972 873	2 510 156	1 845 112
Ginseng (Kraftwurzeln)	834 536	770 673	26 713
Hanf und Hanf-Fabrikate	830 534	645 923	8 564 252
Seile, Taue u. s. w.	1 385 830	1 222 678	1 158 307

	1897 Dollars	1896 Dollars	1895 Dollars
Seife	932316	1115263	947470
Mathematische und optische Instrumente . . .	3054453	2522217	1912771
Gummi, Guttapercha und Fabrikate davon . . .	1807145	1858556	1505142
Marmor und Marmor-Fabrikate	1383480	976463	968538
Bier	723796	659875	558770
Haare und Haar-Fabrikate	517469	455723	505029
Farben	944542	880841	729706
Wolle und Woll-Fabrikate	1181895	1404188	838535
Malereien und Bildhauerwerke	301362	524077	471104
Stärke	1665926	885198	366800
Fische	5361435	5226247	4294789
Alle anderen Waren . .	23159016	21487167	17619112

13. Handelsbilanz der Vereinigten Staaten in den Fiskal-Jahren 1894—1897.

	1897 Dollars	1896 Dollars	1895 Dollars	1894 Dollars
Export der Vereinigten Staaten von inländischen Waren	1 032 001 300	863 200 487	793 397 890	869 207 941
Export der Vereinigten Staaten von fremden Waren	18 985 953	19 406 451	14 141 357	22 935 606
Total-Export der Vereinigten Staaten von Waren	1 050 987 253	882 606 938	807 539 247	892 143 547
Import der Vereinigten Staaten von Waren	764 717 609	779 710 024	731 957 875	654 995 151
Der Waren-Export übersteigt den Waren-Import um . . . . . . Dollars	286 269 644	102 896 914	75 581 372	237 148 396